Christina Danisio

Umbrien

40 MIKROABENTEUER

ZUM ENTDECKEN UND GENIESSEN

360° medien

IMPRESSUM

Umbrien
40 MIKROABENTEUER ZUM ENTDECKEN UND GENIESSEN
Christina Danisio

Nachtigallenweg 1 | 40822 Mettmann

Redaktion und Lektorat: Christine Walter

Satz und Layout: Elke Gräfe

Gedruckt und gebunden:
Druck- und Verlagshaus Mainz GmbH | Süsterfeldstraße 83 | 52072 Aachen
www.verlag-mainz.de

Bildnachweis: siehe Seite 256

ISBN: 978-3-96855-399-3
Hergestellt in Deutschland

360grad-medien.de

Christina Danisio

Umbrien

360° medien

Vorwort

Während meiner Italienreisen habe ich immer wieder gehört, Umbrien sei „die hässliche Schwester der Toskana“. Je mehr ich jedoch diese weniger bekannte Region und ihre Bewohner kennengelernt habe, umso weniger kann ich diesen Satz unterschreiben.

Dieser kleine Teil Mittelitaliens, der zwischen den Touristenmagneten Florenz und Rom und noch dazu nicht am Meer liegt, kann es mit der berühmten Toskana allemal aufnehmen! Fährt man nicht gerade nach Assisi, ins touristische Zentrum der Region, dann geht es hier beschaulicher zu, die Menschen sind bodenständig und besonders freundlich. Noch dazu ist Umbrien ein kulinarisches Paradies!

Entdecken Sie mit mir diese äußerst liebenswerte Ecke Italiens, in der neben Kunst und Kultur auch wilde Natur wartet. So viel ist hier verborgen, dass es mir schwergefallen ist, alles in nur 40 Tipps unterzubringen.

Dieser Reiseführer hat daher keinen Anspruch auf Vollständigkeit und greift bereits bekannte Sehenswürdigkeiten nur kurz auf. Stattdessen konzentriert er sich auf weniger bekannte Orte, Geschichten oder Informationen zu mehr oder weniger touristisch erschlossenen Sehenswürdigkeiten, die mir persönlich als nennenswert erschienen und empfohlen wurden.

Lassen Sie sich ein auf meine Mikroabenteuer und auf Umbrien, das ich eher als charmante Schwester der Toskana bezeichnen würde. Seiner besonderen Anziehungskraft kann man sich nur schwer entziehen.

Es ist diese Mischung aus mittelalterlichen Hügelstädten, einsamen Klöstern in tiefgrünen Wäldern, faszinierenden Kunstwerken, fantastischen Naturerlebnissen und immer wieder dem Essen: Ob Wein, Olivenöl, Trüffel oder Linsen, die umbrische Küche ist voller natürlicher Zutaten, die liebevoll zubereitet werden.

Wer das ursprüngliche Italien erleben will, der ist hier richtig. Dabei muss er sich mit teils chaotischen Wegweisern zurechtfinden und sich Zeit nehmen. Denn die Öffnungszeiten variieren und zwingen zur Muße. Und meist ist die Kommunikation nur auf Italienisch möglich! Was kein wirkliches Problem darstellt, denn die Umbrer legen sich ins Zeug, um ihre Region für die Touristen interessant und zu einer der Schönsten Italiens zu machen. Immerhin finden wir hier die meisten „Borghi più belli d'Italia" des ganzen Stiefels: 27 der schönsten befestigten Orte Italiens liegen in dieser Region und warten darauf, entdeckt zu werden.

Ganz besonders danken möchte ich an dieser Stelle Cathleen Foderaro von Umbria Tourism, die mir allzeit zur Seite stand und sehr ans Herz gewachsen ist. Ein herzlicher Dank geht auch an die unermüdliche Catia Melani ebenso wie Morena Mortaro, Sonia Cocciarelli und Sebastiano Torlini. Sie alle sind mit Leib und Seele Stadt- oder Wanderführer, die mir mit großer Begeisterung die Geheimnisse Umbriens offenbart und mir geholfen haben, die enorme Fülle an Informationen für die Leser zusammenzufassen.

Grazie mille a voi tutti!
Christina Danisio

Inhaltsverzeichnis

Aus Gründen der besseren Lesbarkeit wird auf eine geschlechtsneutrale Differenzierung verzichtet. Entsprechende Begriffe gelten im Sinne der Gleichbehandlung grundsätzlich für alle Geschlechter. Die verkürzte Sprachform beinhaltet keine Wertung.

Amelia

Willkommen

IN UMBRIEN

Umbrien wird zu Recht das grüne Herz Italiens genannt: Als eine der waldreichsten Regionen des Stiefels finden wir hier dichte Wälder, die sich über die Hügel und Berge des Apennins erstrecken. Ist das Tal des Tibers eher weitläufig, so hat die Nera das engere, aber umso schönere Tal der Valnerina geschaffen. Ebenso wie der reizvolle Lago Trasimeno ist auch das weite Valle Umbra zwischen Assisi und Spoleto geprägt von lieblichen Hügeln mit Olivenhainen und Weinbergen. Und dass Umbrien genau im Zentrum Italiens liegt, kann man sogar persönlich nachprüfen, wenn man einen Ausflug zum „Centro d'Italia" unternimmt.

Entdecken lässt sich diese Region am besten mit dem Auto, denn nicht viele Orte sind öffentlich gut zu erreichen. Daher werden hauptsächlich diese Verbindungen hier angegeben. Und selbst mit Auto und Navi heißt es häufig: suchen!

Zu Fuß gibt es mehrere Möglichkeiten, ganz in die Mystik Umbriens einzutauchen. Einige Fernwanderwege sind „dem" Heiligen schlechthin, Franziskus von Assisi, gewidmet. Sie folgen den Orten, an denen er auf seiner Reise durch Italien vorbeikam oder wirkte. Am bekanntesten ist wohl der Franziskusweg, der von der Toskana durch Umbrien bis nach Rom verläuft.

Ein Höhepunkt jeder Umbrienreise ist die Hochebene des „Piano Grande", dessen Linsenblüte im Juni eine unbeschreibliche Farbenpracht erzeugt. Hier sieht man aber auch hautnah, was das letzte Erdbeben 2016 mit dem Ort Castelluccio angestellt hat. Leider bebt die Erde in Umbrien seit Jahrhunderten immer wieder. 1997 fiel sogar ein Teil der Fresken der Basilica di San Francesco in Assisi dem Erdbeben zum Opfer.

Mit dem Fahrrad ist vor allem die Valnerina interessant, durch die der Radweg Greenway del Nera führt. Besonders spektakulär ist eine Fahrt entlang der ehemaligen Eisenbahnlinie Spoleto – Norcia.

Einfachere Wanderungen und Radtouren findet man auch entlang der Olivenhaine der „Fascia olivata" zwischen Assisi und Spoleto. Die Wege bieten neben beeindruckenden Naturerlebnissen viel Kunst und Kultur. Denn in Umbrien ist die Geschichte allgegenwärtig und es ist schier unmöglich, sich ihr zu entziehen. Auch jahrhundertealtes Handwerk wird hier noch gepflegt. In jeder noch so kleinen Stadt warten Zeugnisse aus der Zeit der Umbrer, Etrusker, Römer und des Mittelalters nur darauf, besucht zu werden.

Piano Grande

Bereits im 7. Jahrhundert v. Chr. ließen sich die Umbrer östlich des Tibers nieder, es entstanden Städte wie Assisi, Gubbio oder Spoleto. Zur gleichen Zeit besiedelten die Etrusker die westliche Seite des Tibers und hinterließen Perugia und Orvieto. Noch heute finden wir hier etruskische Nekropolen oder begehbare Brunnen.

Im 3. Jahrhundert v. Chr. eroberten schließlich die Römer die Region und machten die Städte zu römischen Kolonien oder Munizipien. Durch den Bau der Via Flaminia zwischen Rom und Rimini im Jahre 220 v. Chr. blühte der Handel gerade an den Orten, die an dieser römischen Straße lagen. Im 1. Jahrhundert

v. Chr. ließ Kaiser Augustus beeindruckende Theater, Thermen, Tempel und öffentliche Bauten errichten, von denen noch Reste sichtbar sind. Beispiele hierfür sind das römische Theater in Spoleto, der Minervatempel in Assisi oder die Thermen in Spello. Ein besonders gutes Bild der römischen Zeit bekommt man in den weniger bekannten Ausgrabungsstätten von Carsulae und Ocriculum.

Nachdem das Weströmische Reich ab dem 5. Jahrhundert n. Chr. zerfiel, drangen die Barbaren in Italien ein. In dieser Zeit des Mittelalters entstanden zu Verteidigungszwecken auf den Hügeln Umbriens viele „Borghi", befestigte Ortschaften mit Stadtmauern, meist rund um Befestigungsanlagen oder Burgen, den „Castelli". Die einsamen Gegenden der Wälder wurden zur Rückzugsorten von den alltäglich stattfindenden Kämpfen, Klöster und Abteien wurden gegründet. Eines der wichtigsten romanischen Beispiele in ganz Italien ist die Benediktinerabtei San Pietro in Valle in der Valnerina.

Die „Fascia olivata" bei Trevi

Es sind gerade romanische Kirchen wie diese, von denen man in Umbrien einige schöne Beispiele besichtigen kann. Von bekannteren wie dem Dom in Assisi oder in Spoleto bis hin zu weniger besuchten in Narni, Todi oder Bevagna.

Alles in den Schatten stellte jedoch im 13. Jahrhundert der Bau der gotischen Grabeskirche für den heiligen Franziskus in Assisi, an dem bedeutende Künstler wie Cimabue und Giotto einen neuen, bahnbrechenden Malstil entwickelten. Im Anschluss daran wurden Kirchen an den Orten erbaut, die Franziskus zu Lebzeiten besucht hatte oder die ihm gewidmet wurden. Nachdem er sich mehrfach in die Berge zurückgezogen hatte, entstanden dort idyllisch gelegene Einsiedeleien wie das Eremo delle Carceri oder das Convento Sacro Speco.

Selbst wenn es nur wenige Bauwerke der Renaissance wie in Todi oder Foligno gibt, so finden sich im Umbrien Meisterwerke jener Zeit: Von den Malern Pietro Vannucci, genannt Perugino und seinem Schüler Pinturicchio bis hin zu Luca Signorelli oder Benozzo Gozzoli finden wir fantastische Kunstwerke in den Pinakotheken, Kirchen oder „Palazzi" von Perugia, Spello, Montefalco oder Orvieto. Liebhaber der modernen Kunst werden in Todi oder Città di Castello mit seinen Ausstellungen des Künstlers Alberto Burri fündig.

Ein unvergessliches Erlebnis sind die zahlreichen historischen Feste wie in Bevagna oder Narni, bei denen man in die Magie des Mittelalters eintaucht. Kulinarisch kommt man auf den „Sagre" auf seine Kosten, wie auf der Festa del Bosco in Montone, wo es um die Früchte des Waldes geht.

Eremo delle Carceri

In der ganzen Region ist es möglich, in zahlreichen Ölmühlen sehr hochwertiges Olivenöl zu verköstigen oder seinen ganzen Urlaub dem Wein widmen, indem man einer der vier Weinstraßen folgt und berühmte Weine wie den Weißwein aus Orvieto oder die Rotweine aus Montefalco probiert. Überhaupt sollten Essen und Trinken mit ein Hauptanliegen sein, Umbrien zu bereisen.

Lassen Sie sich nun ein auf diese liebenswerte Region und ihre „Abenteuer": Benvenuti in Umbria!

Top 10

DER SEHENSWÜRDIGKEITEN IN UMBRIEN

1 **Assisi:** Was ist ein Umbrienbesuch ohne Assisi mit seiner weltberühmten Franziskusbasilika und den Fresken von Cimabue und Giotto? Unbedingt sehenswert, aber häufig stark besucht. Ebenfalls interessant ist ein Spaziergang durch den oberen Teil der Stadt, wo man auf beeindruckende Spuren der Römer trifft und in den malerischen mittelalterlichen Gassen einen Hauch des „echten" Assisis auffangen kann. Und sobald die Sonne versinkt und die Lichter der Stadt angehen ist der Blick auf die Stadt von unten einfach magisch.
umbriatourism.it/de/assisi

2 **Eremo delle Carceri:** Um das mystische Umbrien zu erleben, sollte man unbedingt zu einer der Einsiedeleien des hl. Franziskus fahren oder wandern. Tief in den Eichen- oder Steineichenwäldern Umbriens gelegen, bieten sie oft eine faszinierende Aussicht und ermöglichen es, in die ursprüngliche Natur der Region einzutauchen. Vor allem das Eremo delle Carceri nahe Assisi besitzt eine ganz besondere Ausstrahlung, vor allem wenn man diesen Ort gleich morgens oder außerhalb der Hauptsaison besucht.
umbriatourism.it/de/-/l-eremo-delle-carceri-il-ritiro-di-san-francesco-it

3 **Perugia :** Die Hauptstadt Umbriens präsentiert sich etruskisch düster mit engen Gassen und den Resten einer unterirdischen Festung, der ein ganzer Stadtteil zum Opfer fiel. Noch etwas Außergewöhnliches versteckt sich unter dem Dom, wo sich die Reste eines römischen Stadtteils befinden. Wieder an der Oberfläche ist der Besuch des Palazzo dei Priori ebenso ein Muss wie das Flanieren auf dem Corso Vannucci. Neben netten Bars und Restaurants sticht die Schokolade von „Perugina" ins Auge, die berühmten Haselnusspralinen „Baci". Und immer wieder trifft man auf Studenten aus der ganzen Welt, die an Italiens bekanntester Universität für ausländische Studenten und Studentinnen ihre Sprachkenntnisse auffrischen.
umbriatourism.it/de/Perugia

4 **Lago Trasimeno:** Nicht nur der See selbst mit seinen beiden Inseln und der atemberaubend schönen Natur, sondern auch die Städtchen an seinem Ufer wie Castiglione del Lago oder Passignano gehören zu einer Umbrienreise ganz einfach dazu. Im Hinterland laden Città delle Pieve und Panicale zur Besichtigung herrlicher Werke des berühmten Renaissancemalers Perugino ein. Entweder zu Fuß, mit dem Fahrrad oder der Vespa – eine Seeumrundung macht auf jeden Fall Spaß! *umbriatourism.it/de/-/il-lago-trasimeno-tra-arte-leggenda-sport-ed-enogastronomia*

5 **Spello:** Die Stadt ist nicht nur wegen ihres üppigen Blumenschmucks zur Fronleichnamszeit bekannt: Eine römische Villa voller Mosaiken und weitere Hinterlassenschaften der Römer faszinieren ebenso wie die herrliche Cappella Baglioni mit detailgetreuen prächtigen Fresken des Renaissancemalers Pinturicchio. Spellos schöne Lage an den Ausläufern des Monte Subasio

ist auch Ausgangspunkt für eine aussichtsreiche Wanderung entlang eines Aquädukts. *umbriatourism.it/de/-/spello-eine-der-schnsten-stdte-italiens*

6 **Die Valnerina und San Pietro in Valle:** Die Valnerina, das Tal der Nera, wird gerne als das „andere Umbrien" bezeichnet: Mit ihren abgelegenen „Borghi", den befestigten, mittelalterlichen Städtchen inmitten waldreicher Berge, entführt sie wirklich in eine andere Welt. Für die Sportlichen warten ein Radweg durch die Tunnel einer alten Eisenbahnstrecke oder das Entdecken des Flusses mit dem Kajak oder Kanu. Kulturelle Juwele und besondere Museen finden sich hier genauso wie jahrhundertealte Kirchen oder Klöster wie San Pietro in Valle, wo man sogar stilecht übernachten kann.

umbriatourism.it/de/entdecken-sie-die-valnerina

7 **Cascata delle Marmore:** Die Römer mussten die von Überschwemmungen geplagte Gegend trockenlegen und das Wasser sinnvoll nutzen. Dabei entstanden die höchsten künstlichen Wasserfälle Europas, die – zeitlich begrenzt – in gewaltigen Wassermassen nach unten stürzen. Kommt man ihnen zu nahe, bleibt kein Körperteil trocken und der ohrenbetäubende Lärm

ist gewöhnungsbedürftig. Absolut sehenswert, wenn auch sehr touristisch!
umbriatourism.it/de/-/wasserfall-von-marmore

8 **Piano Grande:** Die Hochebene von Castelluccio, der „Piano Grande", wird jedes Jahr circa im Juni zu einem farbenprächtigen Blütenmeer, wenn die Linsen und andere Blumen ihre Pracht entfalten. Bereits die Anfahrt auf der aussichtsreichen Serpentinenstraße ist spektakulär. Doch dort oben zeigt sich die Natur wie auf einem anderen Kontinent mit ihren

runden Bergkegeln und ihrer enormen Weite. Beeindruckend ist auch das von einem schweren Erdbeben gezeichnete Dorf von Castelluccio, das die Tragweite dieser immer wiederkehrenden Ereignisse aufzeigt. Dennoch kann man hier weiterhin die für diese Region berühmten Würste und Linsen probieren und kaufen. umbriatourism. *it/de/-/die-hochebene-von-castelluccio*

9 **Gubbio:** Der Ort liegt malerisch an den Hängen des Monte Ingino und besticht durch pures Mittelalter in seinen steilen Gassen. Ein großes römisches Theater, wuchtige Palazzi und eine fantastische Aussicht von oben machen Gubbio zu einem besonderen Highlight Umbriens. Die „Igu-

vinischen Tafeln" sind eine archäologische Rarität und einmal jährlich werden bei der historischen „Corsa dei ceri" riesige Holzkonstruktionen im Rennen den Berg hinaufgetragen. Hier warten ganz besonders freundliche Menschen, die jeden zum Ehrenbürger der Stadt machen, der drei Mal um die „Fontana dei Matti" rennt und dabei schreit: „Sono matto – ich bin verrückt!"
umbriatourism.it/de/gubbio

10 **Orvieto:** Der Ort mit seinen mittelalterlichen Gassen und dem herausragenden Dom, der Cattedrale di Santa Maria Assunta lebt auf und mit dem Tuffstein. Bereits die Etrusker durchhöhlten das Plateau und gruben Brunnen, Vorratskammern oder Weinkeller, die man heute noch besichtigen kann. Ein riesiger begehbarer Brunnen und der fantastische Freskenzyklus des berühmten Renaissancemalers Luca Signorelli im Dom sind ein paar der Gründe, weshalb diese Stadt absolut sehenswert ist. Nebenbei sollte man hier auch den „Orvieto classico", einen bekannten Weißwein, probieren.
umbriatourism.it/de/orvieto

Kurioses und Besonderheiten

AUS UMBRIEN

✓ Im 18. und 19. Jahrhundert erbauten wohlhabende Familien ihre eigenen kleinen Theater. Während gerade die Marken und die Emilia Romagna die meisten kleinen Theater Italiens besitzen, rühmt sich Umbrien des angeblich kleinsten der Welt: Das „Teatro della Concordia“ in Monte Castello di Vibio in der Nähe von Todi hat nur 99 Plätze, aber wunderschöne Logen und ein beeindruckendes Deckenfresko. Auch die Mini-Theater in Panicale und Bevagna sind eine Besichtigung wert.
umbriatourism.it/de/-/teatro-della-concordia-monte-castello-di-vibio-de

Teatro Francesco Torti in Bevagna

Statue des heiligen Franziskus vor San Damiano bei Assisi

✓ Die Umbrer verehren seit dem Mittelalter ihre Heiligen und Seligen wie in kaum einer anderen Region Italiens. Im 17. Jahrhundert waren es angeblich 22.000! Neben dem weltbekannten Franziskus von Assisi, dem Schutzheiligen Italiens, spielt seine Weggefährtin, die hl. Chiara, eine große Rolle. Sowohl dem hl. Franziskus als auch dem hl. Benedikt aus Norcia, dem

Schutzpatron Europas, wurden sogar eigene Fernwanderwege gewidmet. Nach Cascia kommen die Pilger zur hl. Rita, der Heiligen der Hausfrauen. Und wer kennt nicht den Beschützer der Liebenden, den hl. Valentin, der jedes Jahr am 14. Februar gerade in seiner Geburtsstadt Terni gefeiert wird?

✓ Traditionen werden in Umbrien ausgiebig gelebt. Vor allem in den Sommermonaten kann man spektakuläre Feste erleben, bei denen in historischen Kostümen Wettkämpfe ausgetragen oder mittelalterliche Handwerkskünste dargeboten werden. Das in Europa wichtigste Mittelalterfest findet in Bevagna statt und die Einwohner spielen alle mit! Doch eigentlich feiert fast jeder Ort Umbriens durch einen mittelalterlichen Wettkampf oder zu Ehren seines Heiliges. Von den „Sagre", den kulinarischen Festen, ganz zu schweigen.
ilmercatodellegaite.it

✓ Umbrien ist eine sehr wasserreiche Region, sodass man hier häufig „Fontanelle", Trinkbrunnen, am Straßenrand findet. Bereits die Etrusker bauten beeindruckende Brunnen wie den „Pozzo Etrusco" in Perugia, die Römer hinterließen Aquädukte und legten sogar die höchsten künstlichen Wasserfälle Europas an, die Cascata delle Marmore. Außerdem sammelten sie Regenwasser in zahlreichen Zisternen, die man in Orvieto, Todi oder Amelia besichtigen kann, wo man sie noch in einigen Privathäusern findet. In Orvieto wurde 1527 ein besonders beeindruckender Brunnen gegraben, den sogar Pferdefuhrwerke befuhren, der Pozzo di San Patrizio.

Das Wort „Scharlatan" geht offiziell zurück auf die Einwohner des Örtchens Cerreto di Spoleto in der Valnerina. Sie verkauften im Mittelalter Medizin und Salben, zogen Zähne oder zeigten Taschenspielereien. Da es ums Geld verdienen ging und dabei auch geschwindelt wurde, waren sie bekannt als „Ciarlatani". Noch heute wird in diesem Ort jährlich die „Festa dei ciarlatani" gefeiert. *festivaldelciarlatano.it/cerreto.html*

Ulivo di Sant'Emiliano in Bovara bei Trevi

1700 Jahre ist angeblich der Olivenbaum Ulivo di Sant'Emiliano in Trevis Ortsteil Bovara alt. Mit fünf Meter Höhe und einem Stammumfang von neun Metern ist er einer der ältesten Olivenbäume Italiens. Seinen Namen verdankt er dem ersten Bischof Trevis, der im 4. Jahrhundert n. Chr. eben an jenen Baum gebunden und enthauptet wurde.

Museen gibt es überall, doch Umbrien hat ein paar besonders ausgefallene zu bieten: die Mumienmuseen von Ferentillo und Borgo Cerreto, das Hanfmuseum in Sant'Anatolia di Narco, das Museum-Atelier der antiken Webkunst Giuditta Brozzetti sowie das Museum-Atelier für Glasmalerei Moretti-Caselli in Perugia oder das unbekanntere Klöppelmuseum in Panicale. Besonders interessant ist das Wein- und Ölmuseum in Torgiano, wo man alles, aber auch alles über die wichtigsten Erzeugnisse der Region erfährt.

Kelterpresse im Wein- und Ölmuseum Lungarotti in Torgiano

✓ Moderne Transportsysteme treffen auf mittelalterliche Städte: Um hoch oben gelegene Orte besser zu erreichen, gibt es in einigen Städten wie Todi, Orvieto und Narni Liftanlagen oder Drahtseilbahnen. In Spoleto bewegt man sich sogar auf Rolltreppen und Förderbändern durch die Stadt und Perugia beeindruckt durch seine Minimetro, die ober- und unterirdisch verkehrt. Ein ausgefallenes Vergnügen ist die Fahrt von Gubbio auf den Monte Ingino in Drahtkörben an einer Seilbahn hangend.

Seilbahn auf den Monte Ingino in Gubbio

✓ Gerade idyllisch gelegene Orte oben auf den Bergen, Kirchen oder auch Klöster in unberührter Natur zeichnen Umbrien aus. Fast mystisch muten entlegene Einsiedeleien an, die meist auf den hl. Franziskus zurückgehen. Eremo delle Carceri oder Sacro Speco bieten herrliche Ausblicke, spektakulär in die Felsen hineingebaut sind unbekannte „Eremi" wie Santa Maria Giacobbe bei Foligno. Das Kloster San Pietro in Valle liegt so fantastisch, dass es sogar Drehort einiger Mittelalter-Filme wurde!

San Pietro in Valle, Valnerina

✓ Nachdem er seine Kleider abgelegt hatte, um in Armut zu leben, wurde der hl. Franziskus in Gubbio von einer Familie aufgenommen. Dort begegnete er einem großen Wolf, der die Einwohner der Stadt in Angst und Schrecken versetzte. Um ihm das Leben zu retten, sprach er mit ihm und zähmte ihn. Heute erinnert eine große Statue neben der Kirche San Francesco in Gubbio an dieses Ereignis. Die Höhle des Wolfs und seinen Sarkophagdeckel kann man in der kleinen Kirche von San Francesco della Pace in Gubbio besichtigen. *sanfrancescodellapace.it*

DEUTSCHLAND
ÖSTERREICH
UNGARN
SCHWEIZ
TRENTINO-SÜDTIROL
Friaul-Julisch Venetien
SLOWENIEN
AOSTATAL
LOMBARDEI
VENETIEN
KROATIEN
PIEMONT
EMILIA-ROMAGNA
BOSNIEN UND HERZEGOWINA
LIGURIEN
TOSKANA
MARKEN
UMBRIEN
ITALIEN
ABRUZZEN
LATIUM
Rom
MOLISE
KAMPANIEN
APULIEN
SARDINIEN
BASILIKATA
KALABRIEN
SIZILIEN

Fano
Senigallia
Urbino
Mondolfo
Ancona
Bibbiena
Fossombrone
LIGURISCHER APENNIN
Tevere
Sansepolcro
Cagli
Pergola
Jesi
Arezzo
SS3
Osimo
SS3bis
Gubbio
Fabriano
MARKEN
Cortona
Asciano
Sinalunga
Tolentino
Lago Trasimeno
RA6
Perugia
SR3
Camerino
Montepulciano
SS75
Chiusi
UMBRIEN
Amand
TOSKANA
Foligno
Marsciano
Ascoli Picer
Abbadia San Salvatore
SS3
Todi
A1
Norcia
Orvieto
E45
Spoleto
Nera
Amatrice
Lago di Bolsena
Terni
Montefiascone
Amelia
ABRUZZEN
Viterbo
Rieti
L'Aquila
Vetralla
A4
Tarquinia
Civita Castellana
Borgorose
E80
LATIUM
Fiano Romano
Civitavecchia
Bracciano
Martignano
Carsoli
Avezzano
Santa Marinella
Aniene
A1
Ladispoli
ROM
Aniene
Tivoli
Palestrina

Perugia und Lago Trasimeno

Blick auf San Feliciano

Perugia und Lago Trasimeno

1. Perugia: Zeitreise unter der Stadt
2. Atelier-Museum Giuditta Brozzetti: Einblicke in die Tradition des Webens
3. Perugino: der berühmteste Sohn Perugias
4. Castello di Monticelli: übernachten auf einer mittelalterlichen Burg
5. Lago Trasimeno: auf zwei Rädern um den viertgrößten See Italiens
6. Isola Polvese: dem Alltag entfliehen
7. Corciano: bewohntes „Freilichtmuseum" mit viel Charme

Camporeggiano
San Leo Bastia
Tornia
Tevere
Spedalicchio
Umbertide
Polgeto
ampaccio
Preggio
Gosparini
Pian di Marte
San Giovanni del Pantano
La Bruna
Vernazzano Basso
SS3bis
Pieve Confini
Col di Selva
Maestrello
Isola Maggiore
San Vito
5
Bertoni
RA6
7
Conservoni
2
Piana
6
Monte del Lago
3
1
Lago Trasimeno
San Pietro
La Valle
La Trinità
Corciano
Isola Polvese
Chiugiana
Perugia
Ranciano
San Sisto
Mirabella
Casalini
Miralduolo
4
Castiglione della Valle
Signoria
Monte Petriolo
Missiano
E45
Castiglion Fosco
Olmeto
Mercatello
Papiano
Ponibbiale
Ripabianca
Morcella
Gaglietole
Montegiove
San Vito in Monte
Marsciano
Faiolo
Piedicolle
Vesca
Casaccia
Pornello
Rotecastello
A1
Assigna
Collelungo
0
10 km

1 Perugia

ZEITREISE UNTER DER STADT

Etrusker, Umbrer, Römer, Mittelalter, Renaissance: Die Hauptstadt Umbriens steht für die jahrtausendealte Geschichte dieser Region. Sowohl von etruskischen als auch mittelalterlichen Mauern umgeben, zählt die Altstadt mit ihren düsteren Gassen zu einer der besterhaltenen italienischen Hügelstädte. Das Außergewöhnliche wartet allerdings im Untergrund.

Ab dem 7. Jahrhundert v. Chr. wurde Umbrien auf der rechten Seite des Tibers von den Etruskern und auf der linken von den Umbrern besiedelt. Gegründet von den Etruskern stand das heutige Perugia ab dem 3. Jahrhundert v. Chr. unter dem Einfluss der Römer. Der Arco Etrusco, ein gewaltiger Bogen in der Altstadt, das Stadttor Porta Marzia sowie der Pozzo Etrusco, ein begehbarer Brunnen, erinnern an die etruskische Zeit. Wer genau hinsieht, kann überall in Perugia gut zwischen den riesigen Travertin-Steinblöcken der etruskischen Baumeister und den kleineren aus Kalk- oder Sandstein unterscheiden, die im Mittelalter benutzt wurden. Den umfangreichsten Eindruck zu den Etruskern bieten wohl das Archäologische Museum sowie die Nekropole von Palazzone etwas außerhalb der Stadt.

Nach dem Fall des römischen Reiches wurde Perugia von den Barbaren heimgesucht, bevor es der gotische König Totila 574 n. Chr. vollständig zerstörte. Im Laufe der Jahrhunderte stritten sich Byzantiner und Langobarden um die Stadt, im 9. Jahrhundert gelangte sie an den Kirchenstaat. Trotz eines goldenen Zeitalters als freier Stadtstadt im 13. Jahrhundert, bestimmten im Laufe der Geschichte immer wieder Kriege und Zerstörung, gefolgt von Verschwörungen und Fehden zwischen den großen Adelsfamilien, das Schicksal der Stadt.

Nachdem Perugia sich geweigert hatte, die Salzsteuer zu zahlen, kam es zum Krieg gegen Papst Paul III. Dieser siegte und ließ 1540 eine riesige Festung errichten. Über 100 Häuser, Geschlechtertürme und Kirchen wurden kurzerhand abgerissen, um auf ihren Resten die Fundamente der Rocca Paolina zu erbauen. Als Material dienten

Rocca Paolina

die Steine der zerstörten Stadtviertel. Nachdem Perugia 1860 Teil des Vereinigten Königreichs Italiens geworden war, beseitigte die Stadt selbst dieses Symbol der päpstlichen Macht.

Heute befinden sich an dieser Stelle Verwaltungs- und Wohngebäude. Geblieben ist ein riesiger unterirdischer Bereich, den man vom Parkplatz auf der Piazza Partigiani über mehrere Rolltreppen bequem erreicht. Man durchquert ihn auf dem Weg zur Hauptstraße Perugias, dem Corso Vannucci, und trifft dabei auf Reste der damaligen Häuser. Viele davon gehörten den Baglioni, die – wie die Medici in Florenz – zu jener Zeit die mächtigste Familie in Perugia und seinem Umland darstellten.

Auch für Ausstellungen wird der beeindruckende Untergrund gerne genutzt. Permanent zu sehen ist die Skulptur „Grande Nero" des zeitgenössischen Künstlers Alberto Burri.

Dom San Lorenzo

Eine weitere fantastische Reise durch die Vergangenheit erwartet die Besucher unter dem fassadenlosen Dom San Lorenzo. Die umfangreichen Ausgrabungen des unterirdischen Perugia, Perugia Sotterranea, sind für Besucher zugänglich und führen durch die Welt der Etrusker und Römer bis ins Mittelalter.

Dom San Lorenzo von innen

Besonders beeindruckend ist eine römische Straße aus dem 1. Jahrhundert v. Chr. mit Einkerbungen von Wagenrädern. Hier führte der antike Decumanus vorbei, der den Osten mit dem Westen der Stadt verband. Die zweite Hauptstraße, der Cardus, verlief von Nord nach Süd, wo sich heute der Corso Vannucci befindet.

Etruskische Mauer

In einem „Domus", dem Privathaus einer wohlhabenden Familie, sind ein Wasserbecken und eine Zisterne sowie Spuren eines Brandes zu sehen, der im Jahre 40 v. Chr. die gesamte Stadt zerstörte.

Perugia Sotterranea

Der mittelalterliche Teil zeigt Räume, in denen zwischen 1213 und 1305 fünf Konklave zur Wahl eines Papstes abgehalten wurden. Im „Museo del Capitolo" im Kreuzgang der Kirche ist zu diesem Thema eine Art Wahlurne aus dem Jahr 1749 ausgestellt. Damals legten die Priester mit der Hand weiße Bohnen für und schwarze gegen den zu wählenden Papst in einen uneinsehbaren Behälter.

Verlässt man die Ausgrabungen, das Museum und die Kirche, so sollte man das tun, was in Perugia so üblich ist: sich auf die Stufen der Kirche setzen, dem Treiben der Stadt und dem Plätschern des Wahrzeichens Perugias, der Fontana Maggiore, zusehen und zuhören. Über die zahlreichen internationalen Studenten sollte man sich dabei nicht wundern, denn ganz in der Nähe liegt eine große Universität für Ausländer, die „Università per Stranieri".

Fontana Maggiore

Info

Lage: Perugia liegt etwa 150 Kilometer südöstlich von Florenz.

Aktivitäten:

- Stadtrundgang: Sehr gut informiert ist die italienisch- und deutschsprachige Stadtführerin Catia Melani; *catia.melani@gmail.com*
- Perugia Sotterranea: Die Kathedrale und die Ausgrabungsstätten werden als „Isola" bezeichnet; Piazza V Novembre, 06121 Perugia, *isolasanlorenzo.it*
- Museo del Capitolo: Piazza IV Novembre, 06121 Perugia, *secretumbria.it/museo-del-capitolo-perugia*
- Umbria Jazz: zehntägiges Jazzfestival jedes Jahr im Juli: *umbriajazz.it*
- Die berühmten „Baci", Pralinen mit Haselnussfüllung der Firma Perugina/Nestlé, sind in den Geschäften am Corso Vannucci erhältlich.
- Donnerstagvormittag Wochenmarkt mit Lebensmitteln und Samstagvormittag großer Markt mit allem; beide am Pian di Massiano

Einkehren und Übernachten:

- Ristorante del Sole: gehobene umbrische Küche, sehr schöne Aussichtsterrasse, neben der Haltestelle Minimetro „Pincetto"; Via della Rupa, 1, 06121 Perugia, *ristorantesole.com*
- Il Moderno: sehr nettes Restaurant und Bar mit internationaler Küche, bei Einheimischen sehr beliebt; Via del Carmine, 1, 06122 Perugia, *ristoranteilmoderno.com*
- Hotel Fortuna: zentral gelegen in schönem alten Palazzo, Via Luigi Bonazzi, 19-21, 06123 Perugia, *hotelfortunaperugia.com*

HINWEIS: Die Altstadt (Haltestelle Pincetto) ist ab dem Bahnhof Perugia Fontivegge oder dem Parkplatz am Pian di Massiano sehr gut mit der „Minimetro" erreichbar. Direkt im Zentrum: gebührenpflichtiger Parkplatz Piazza Parchigiani

2 Atelier-Museum Giuditta Brozzetti

EINBLICKE IN DIE TRADITION DES WEBENS

Versteckt in den Straßen Perugias befindet sich ein kleines Juwel: die traditionsreiche Weberei von Marta Cucchia, benannt nach ihrer Urgroßmutter Giuditta Brozzetti. Im historischen Ambiente der Kirche San Francesco delle Donne kann man zuschauen, wie wertvolle Stoffe per Hand an Webstühlen aus dem 18. und 19. Jahrhundert gefertigt werden.

Mit großer Leidenschaft führt Marta Cucchia das Atelier fort, das ihre Urgroßmutter 1921 gegründet hatte, um die Tradition des Webens in Umbrien wiederzubeleben. Heute ist es einer der letzten Orte in Italien, wo man historische Webstühle im Einsatz sehen kann. Gearbeitet wird nach überlieferten Techniken wie vor 500 Jahren.

Marta Cucchia beim Weben

Die Tradition der Stoffherstellung in Umbrien geht zurück auf das Mittelalter, als man begann die „Tovaglie perugine", die „Tischdecken Perugias", als Altardecken in den Kirchen und Klöstern Mittelitaliens zu benutzen. Zeugnis davon liefern Gemälde berühmter Maler wie Giotto, Ghirlandaio oder Leonardo da Vinci. Auch wenn die Stoffe Umbriens ab dem 16. Jahrhundert immer weniger verbreitet waren, so überlebten die alten Techniken in den Klöstern sowie auf dem umbrischen Land, wo sie von Generation zu Generation weitergegeben wurden.

Marta Cucchia

1996 verwirklichte die sympathische Peruginerin den Traum ihrer Eltern, das Atelier-Museum im historischen Ambiente der Kirche San Francesco delle Donne anzusiedeln. Die älteste franziskanische Kirche Perugias wurde 1252 an die Benediktinerinnen übergeben und erhielt daher den Namen „delle Donne", der Frauen. Im Laufe der Jahrhunderte wurde das damalige Kloster mehrfach verlassen, als Erziehungsinstitut für arme Mädchen oder als Spinnerei für Rohseide sowie als Keramikfabrik genutzt.

Traditionelle Muster

Heute noch entstehen in tagelanger Arbeit hochwertige Stoffe nach den Vorlagen der Gemälde aus der Renaissance. Tischdecken, Schals, Läufer, Vorhänge, Kissenbezüge und vieles mehr werden auf Bestellung exklusiv für die Kunden angefertigt. Die typischen Farben der „Tovaglie perugine", weiß mit blau oder braun mit rot, werden dabei immer wieder übernommen.

Auf geführten Touren in mehreren Sprachen kann man Näheres über die Geschichte des Webens und des Ateliers erfahren, während das gleichmäßige Klacken der Webstühle zu hören ist.

Atelier-Museum Giuditta Brozzetti

Info

Lage: am Rande des historischen Zentrums Perugias gelegen

Adresse: Via Tiberio Berardi, 5, 06123 Perugia mit Auto, Bus C ab Bahnhof Perugia oder zu Fuß in 10 Min. ab Arco Etrusco

Website: *brozzetti.com*

HINWEIS: geführte Touren in mehreren Sprachen; Besichtigung nur auf Anfrage

3 Perugino

DER BERÜHMTESTE SOHN PERUGIAS

Nicht umsonst ist die Hauptstraße Perugias, der Corso Vannucci, benannt nach dem berühmten Maler der Renaissance, Pietro Vannucci, bekannter unter dem Namen „Il Perugino", der Peruginer. Er und sein Schüler Pinturicchio waren zur damaligen Zeit die bekanntesten Maler Umbriens und hinterließen herrliche Werke an verschiedenen Orten.

Perugino war im 15. Jahrhundert sehr aktiv und malte für seine Auftraggeber neben religiösen Themen auch Szenen aus der klassischen Mythologie. Seine Figuren zeichnen sich durch eine außergewöhnliche Weichheit aus, während die Szenen von Räumlichkeit und Tiefe gekennzeichnet sind. Zusammen mit Raffael und Pinturicchio schmückte er die Sixtinische Kapelle in Rom aus, bevor Teile davon von Michelangelo übermalt wurden.

Gerade in Perugia findet man eines seiner schönsten Werke: Im Palazzo dei Priori wurde der Sitz der Geldwechsler, das Collegio del Cambio, mit großflächigen Fresken geschmückt. Szenen aus der Bibel und berühmte Persönlichkeiten aus der klassischen Welt sind in ausdrucksstarken Farben dargestellt. Hier ist das einzige Selbstporträt von Perugino zu sehen, das er selbst gemalt hat. Im gleichen Gebäude befindet sich auch die umbrische Nationalgalerie, in der einige Räume Perugino und Pinturicchio gewidmet sind.

Der Palazzo dei Priori, der Palast der Stadtvorstände, liegt direkt am Corso Vannucci und an der Piazza IV Novembre, dem mittelalterlichen Zentrum der Stadt. Das wuchtige Gebäude aus jener

Palazzo dei Priori, Perugia

Eingang zum Palazzo dei Priori

Zeit beeindruckt durch seine lange Fassade mit zahlreichen Bogenfenstern, an der man den Greif und den Löwen, die Symbole der Stadt, erkennen kann. Diese beiden Fabelwesen sind im Eingangsbereich als große Bronzefiguren ausgestellt. Steht der Greif für den freien Stadtstaat Perugia, so stellt der Löwe den Teil der Stadt dar, der den Papst – und nicht den Kaiser – unterstützte, als die Guelfen und die Ghibellinen im 13. Jahrhundert gegeneinander kämpften. Vor Verlassen des Palazzo dei Priori lohnt sich ein Blick in das Collegio della Mercanzia, den Sitz der Handelszunft, sowie in den Sala dei Notari, den Saal der Notare.

Löwe und Greif im Eingangsbereich des Palazzo dei Priori

Nebenan, im Dom von Perugia, Cattedrale di San Lorenzo, sowie in der Basilica di San Pietro außerhalb des Zentrums Perugias und neben den mittelalterlichen Gärten befinden sich weitere sehenswerte Werke von Perugino. Wer noch mehr von ihm erleben will, der sollte allerdings nach Città della Pieve, in der Nähe des Lago Trasimeno, fahren, wo Perugino 1445 zur Welt kam. Hier kann man einem musealen Rundgang durch Kirchen und Museen folgen und sein Geburtshaus besuchen.

Blick von Panicale

Sehr schön ist auch Peruginos Gemälde des San Sebastiano im netten Ort Panicale ein paar Kilometer weiter. Er stellt den Märtyrer klassisch mit Pfeilen dar, lässt jedoch liebliche Figuren um ihn herum springen und zeigt im Hintergrund die umbrische Landschaft wie den Trasimenischen See. Diese kann man auf einem Spaziergang von Panicale nach Paciano persönlich bewundern, denn hier bieten sich grandiose Ausblicke über das

Piazza Umberto in Panicale

Land. In Panicale befindet sich auch eines der reizenden kleinen Theater Umbriens, das Teatro Cesare Caporali.

Will man weiter Peruginos Spuren in Umbrien folgen, so findet man in der Chiesa di Santa Maria Assunta in Corciano bei Perugia, in der Kapelle der Porziuncola von Santa Maria degli Angeli bei Assisi sowie in der Kirche von San Francesco in Montefalco weitere Werke. Der berühmte Maler war außerdem in der Toskana tätig und verstarb im Jahre 1513 wahrscheinlich an der Pest.

Info

Lage: Perugia liegt etwa 150 Kilometer südöstlich von Florenz. Città della Pieve, Panicale, Paciano, Montefalco und Corciano liegen maximal 50 Kilometer von Perugia entfernt

Aktivitäten:

- Palazzo dei Priori: umbrische Nationalgalerie und Collegio del Cambio; Corso Pietro Vannucci 25/Piazza IV Novembre, 06121 Perugia, *gallerianazionaledellumbria.it/palazzo* und *collegiodelcambio.it*
- Cattedrale di San Lorenzo: Piazza IV Novembre, 06121 Perugia, *cattedrale.perugia.it*
- Museumskomplex der Basilica di San Pietro: Borgo XX Giugno, 74, 06126 Perugia, *museiapperugia.it/it/complesso-museale-di-san-pietro*
- Città della Pieve: musealer Rundgang; *terredelperugino.it/en/home/the-places-of-the-circuit*
- Chiesa di San Sebastiano: Via Belvedere, 10, 06064 Panicale, *umbriatourism.it/it/-/church-of-st-sebastian-panicale*
- Teatro Comunale „Cesare Caporali": kleines Theater mit nur 180 Plätzen; Via Cesare Caporali, 16, 06064 Panicale, *teatrocesarecaporali.it*
- Chiesa di Santa Maria Assunta: Via della Corgna, 6, 06073 Corciano, *umbriatourism.it/-/chiesa-di-santa-maria-assunta*
- Basilica di Santa Maria degli Angeli/Porziuncola: Piazza Porziuncola, 1, 06081 Santa Maria degli Angeli, *porziuncola.org*
- Museumskomplex „Complesso museale di San Francesco": Via Ringhiera Umbra, 6, 06036 Montefalco, *museomontefalco.it* (siehe Tipp 22)

4 Castello di Monticelli

ÜBERNACHTEN AUF EINER MITTELALTERLICHEN BURG

Auf einem Hügel zwischen Perugia und dem Lago Trasimeno erhebt sich eine Burg wie aus dem Bilderbuch, wo den Besucher über tausend Jahre Geschichte sowie ein einmaliger Rundumblick erwarten. Neben einer reinen Besichtigung kann man in den renovierten Gebäuden aus dem Mittelalter stilecht und luxuriös übernachten.

Erst Festung, dann Kloster und anschließend herzögliche Jagdresidenz, ist das Castello di Monticelli heute ein Vier-Sterne-Hotel, wo man in geschmackvoll renovierten Suiten und Apartments gut ein paar Tage verbringen und entschleunigen kann. Als typisches „Albergo diffuso", dessen Räumlichkeiten sich auf verschiedene Häuser des (ehemaligen) Borgo erstrecken, ist es auch eine „Dimora storica", eine historische Unterkunft. Neben diversen Aktivitäten wie der Trüffeljagd werden auch Eventabende mit Weinverkostung auf der herrlichen Terrasse oder im gotischen Saal des hauseigenen Restaurants angeboten.

Chiesa di San Paolo e Sant'Ubaldo

Nicht nur das: Der Hausherr Giuseppe Tullio ist ein Liebhaber der Geschichte und führt Gäste und Besucher voller Leidenschaft und Begeisterung durch die imposante Burg, deren Anfänge auf die Zeit um 600 n. Chr. zurückgehen. Vor allem hat es ihm die dazugehörige Chiesa di San Paolo e Sant'Ubaldo aus dem 12. Jahrhundert mit ihren Fresken von Meo da Siena angetan.

Burghof

Zwischen 595 und circa 756 n. Chr. verlief unterhalb der Burg ein Teil des sogenannten „byzantinischen Korridors", einem Landstreifen zwischen Rom und dem Exarchat Ravenna, der zur Verteidigung Perugias gegen die Langobarden diente. Damals entstanden Monticellis Verteidigungs-

Blick vom Hauptgebäude

türme mit ihren dicken Mauern, von denen aus man Angreifer schon von Weitem sah. Nachdem Gebäude hinzukamen und die Lücke zwischen zwei Türmen im 15. Jahrhundert geschlossen wurde, veränderte sich das Aussehen immer mehr.

Das ganze Umland, das Contado di Porta Eburnea, ist geprägt von kleinen Festungen, Kirchen und historischen Stätten, die auf den Hügeln rund um Monticelli zu sehen sind. Ausflüge zu unbekannten kleinen Orten wie Sant'Apollinare sind ebenso interessant wie Spaziergänge am nahe gelegenen Fluss Nestore oder zur Weinprobe in der Nachbarschaft.

Seinen Zauber entfaltet das Castello vor allem abends, sobald in der Ferne die Lichter all der kleinen Ortschaften angehen und das beleuchtete Perugia zu sehen ist. Ein romantisches Abendessen auf der Terrasse oder im Burghof ist genauso ein Highlight eines Aufenthalts hier wie der morgendliche Sonnenaufgang, wenn die Natur langsam erwacht und alles in ein goldenes Licht taucht.

Blick vom Castello di Monticelli

Lage:
Das Castello di Monticelli liegt etwa 20 Kilometer südwestlich von Perugia und 17 Kilometer von San Feliciano (Lago Trasimeno)

Adresse: Vocabolo (Ortsteil) Monticelli, 9, 06072 Marsciano/Castiglione della Valle

Aktivitäten:

- Besichtigung Castello di Monticelli: nur mit Anmeldung unter *info@castellomonticello.com* bei Ellen Krauser; Führungen auf Italienisch, Deutsch, Englisch und Französisch
- Wanderung zur Weinprobe in der Cantina Cenci: circa 45 Minuten; Cantina Cenci, Vocabolo Anticello Uno, 50, 06055 San Biagio della Valle, Marsciano, *cantinacenci.it*
- Radtour zum Lago Trasimeno: 17 Kilometer bis San Feliciano entlang der Straße
- Radtour oder Wanderung entlang des Flusses Nestore: Ab Castello di Monticelli auf der SP340 rechter Hand dem Fluss Caina und nach der Brücke dem Schild links „Percorso Verde Fiume Nestore" folgen. Knapp sieben Kilometer bis zum Ort Mercatello mit „Paola's Bar" am Ortseingang.
- Ausflüge zu kleinen romanischen Kirchen und Dörfern wie dem ehemaligen Benediktinerkloster Sant' Apollinare mit fantastischer Aussicht, circa sechs Kilometer von Monticelli. Anmeldung zur organisierten Tour beim Castello Monticelli (s. oben), *eburnea.it/beni* e minacce/abbazia_s.apollinare.htm

Website: *castellomonticelli.com*

HINWEIS: Im Castello kann man übernachten (gehobene Zimmer und Apartments, zwei Pools, *castellomonticelli.com/suiten*) und auch in der Osteria Castello Monticelli vortrefflich speisen (Abendessen und Events auch für Nichtgäste, gehobene umbrische Küche; *castellomonticelli.com/restaurant*).

5 Lago Trasimeno

AUF ZWEI RÄDERN UM DEN VIERTGRÖSSTEN SEE ITALIENS

Der Lago Trasimeno bietet von allem etwas: Wassersportmöglichkeiten, Wanderwege, Badestrände, malerische Ortschaften, ansprechende Gastronomie und die Möglichkeit, den See zu umrunden. Besonders schön ist dies auf zwei Rädern mit der klassisch italienischen Vespa oder – für die Sportlicheren – mit dem Fahrrad.

Blick auf San Feliciano

Nur 30 Kilometer von Perugia befindet sich der Regionalpark des Lago Trasimeno inmitten einer lieblichen Hügellandschaft. Hier werden neben Sonnenblumen ausgezeichnetes Olivenöl und Wein angebaut, die man bei den Herstellern entlang der „Strada del Vino Colli del Trasimeno" oder auf bunten Wochenmärkten verkosten kann. Außerdem findet man hier gleich mehrere der schönsten befestigten Orte Italiens, der „Borghi più belli d'Italia".

Claudia Acquah

Eine ganz besondere Art, den See zu erkunden, ist die Fahrt mit der Vespa oder mit dem E-Bike. Mieten kann man sie bei der sympathischen Deutschen Claudia Acquah, der Besitzerin von „Umbria in Vespa". Die begeisterte Vespafahrerin teilt ihre Liebe zu Umbrien, indem sie wertvolle Tipps zu interessanten Touren und Einkehrmöglichkeiten weitergibt.

Die Fahrt beginnt in San Savino/Magione nahe dem kleinen Fischerort San Feliciano, in Richtung Castiglione del Lago ein Stück entlang der Straße, bis der Radweg beginnt.

Die insgesamt 60 Kilometer um den See könnten hier mit einem Ausflug ins Hinterland in den malerischen „Borgo" Panicale verlängert werden, wo Fresken des berühmten Renaissancemalers Perugino, aber auch nette Bars warten.

Wieder unten am See angelangt, ist Castiglione Del Lago mit seinem Palazzo della Corgna einen Stopp wert. Das Besondere ist hier der enge, überdachte Durchgang zur mittelalterlichen Burg, der Rocca del Leone, dessen Eingang durch eine Ampel geregelt wird. An seinem Ende bietet sich ein fantastischer Blick über den See, den man auf einem Spaziergang auf der Festungsmauer ausgiebig genießen kann. Die außergewöhnliche Kulisse wird im Burghof für ein Open-Air-Kino genutzt.

Palazzo della Corgna

Blick vom Palazzo della Corgna

Wen der Hunger in die Altstadt von Castiglione del Lago treibt, der wird in den engen Gassen mit ihren kleinen Geschäften, Bars und Restaurants fündig. Hier wird auch die „Fagiolina del Lago Trasimeno" angeboten. Diese Bohne wurde bereits von den Etruskern angebaut und steht auf der Slow Food-Liste als schützenswertes Lebensmittel. Oder aber man probiert die typisch umbrische „Torta al testo": Ein Hefefladen, der auf einer gusseisernen Platte, dem Testo, gebacken und meist mit Schinken und Käse gefüllt wird. Man findet ihn in den meisten Bars Umbriens.

Umbrische Hülsenfrüchte

Weiter geht es in die geschichtsträchtige Gegend um Sanguineto, wo 217 v. Chr. die blutige Schlacht zwischen den Römern und dem karthagischen Feldherrn Hannibal stattfand. In Tuoro gibt es dazu eine Themenroute sowie ein Dokumentationszentrum, das allerdings schwer zu finden ist. Leichter entdeckt man bei Punta Novaccia am Fähranleger den modernen Skulpturenpark „Campo del Sole" mit seinen 27 Sandsteinfiguren.

Campo del Sole

Nach einigen Kilometern erreicht man Passignano mit seinen leckeren Eisdielen, wo es vor allem am Wochenende sehr touristisch zugeht. Mehr von seinem Flair erlebt man abseits des Hafens bei einem Spaziergang durch die malerischen Gassen hinauf zur mittelalterlichen Festung, der Rocca. Von hier kann man den See sehr gut überblicken.

Wer keine steile Straße scheut, der sollte auf jeden Fall in Richtung Lisciano Niccone bis zu einem atemberaubenden Aussichtspunkt an der Bar-Ristorante „Lo Scoiattolo" weiterfahren. Wieder zurück in San Feliciano lässt man den Tag am besten bei einem Glas Wein und der für den See typischen Fischsuppe „Tegamaccio" bei einem spektakulären Sonnenuntergang ausklingen.

Agello

Um dem Trubel des Sees zu entgehen, ließe sich gut ein Abstecher hinauf in das kleine, mittelalterliche Agello in der Gemeinde Magione einbauen. Gerade in der Abenddämmerung breitet sich hier eine wunderbare Stimmung aus und das ursprüngliche Umbrien kommt zutage.

Lage: Der Lago Trasimeno liegt etwa 30 Kilometer westlich von Perugia.

Aktivitäten:

- Seeumrundung insgesamt 60 Kilometer: circa 2/3 Radweg „Itinerario ciclabile", Rest entlang der Straße; unterschiedliche Beschilderung: *iopedaloinitalia.it/ciclovia-del-trasimeno*
- Verleih von Vespas und E-Bikes bei Umbria in Vespa, Via della Concordia, 67, 06063 San Savino/Magione, *umbriainvespa.com*
- Fahrradverleih: auf den Campingplätzen oder bei Cicli Valentini, Via Firenze, 68, 06061 Castiglione del Lago, *ciclivalentini.it*
- Weinstraße: *stradadelvinotrasimeno.it*
- Informationen zur umbrischen „Ölstraße": *stradaoliodopumbria.it*
- Baden: Castiglione del Lago, Ost- und Nordseite des Sees
- Palazzo della Corgna: Piazza Antonio Gramsci, 1, 06061 Castiglione del Lago, *palazzodellacorgna.it*
- Museo di Annibale, Centro di documentazione: Piazza Giuseppe Garibaldi, 7, 016069 Tuoro, *livingtuoro.it/luoghi-di-interesse/museo-di-annibale*
- Markt in den Orten: Castiglione del Lago: mittwochs, Passignano: samstags, Magione: donnerstags, Tuoro: freitags, San Feliciano: freitags – jeweils vormittags

Einkehren und Übernachten:

- Osteria Rosso di Sera: herrliche Terrasse zum See, Fischspezialitäten, Via Fratelli Papini, 81, 06063 San Feliciano, *osteriarossodisera.net*
- Bar-Ristorante Lo Scoiattolo: Località Gosparini, 17, 06060 Lisciano Niccone, *loscoiattolo.it*
- Albergo Ristorante Da Settimio: Fischspezialitäten und nettes Hotel mit toller Aussicht; Via Lungo Lago Alicata, 1, 06063 Magione, *albergoristorantedasettimio.it*

Website: *lagotrasimeno.net*

6 Isola Polvese

DEM ALLTAG ENTFLIEHEN

Die Isola Polvese ist die größte der drei Inseln im Lago Trasimeno und besticht durch traumhafte Natur. Ein Spaziergang über die Insel bietet herrliche Aussichten auf den See und das Umland.

Von den drei Inseln im Lago Trasimeno ist die Isola Polvese ganz besonders bezaubernd, auch weil sie weniger besucht wird. Auf die Isola Maggiore mit ihrem kleinen Dorf und der sehenswerten Chiesa di San Michele Arcangelo kam angeblich bereits der heilige Franziskus gerne. Beide Inseln sind gut mit der Fähre zu erreichen. Isola Minore ist die kleinste Insel, unbewohnt und in Privatbesitz.

Bereits bei der Anfahrt zur Isola Polvese ab San Feliciano fallen eine hübsche Zypressenallee und ein Schilfgürtel auf, richtig einladend wirkt es hier. Und außer einem Hotel gleich am Fähranleger ist die Insel kaum touristisch. Nur am Wochenende und wenn Schulklassen ihre Ausflüge hierher machen ist mehr los. Sie erfahren im „grünen Klassenzimmer" des dortigen Umweltzentrums alles Wissenswerte zum Thema Nachhaltigkeit und Klimawandel. Die ganze Insel ist heute ein wissenschaftlich-didaktischer Park, wo geforscht wird und auch für Touristen Aktivitäten und Führungen angeboten werden.

Anfahrt auf die Isola Polvese

Am schönsten ist ein Spaziergang ab dem Fähranleger vorbei am Garten der Wasserpflanzen, entlang der Reste des mittelalterlichen Castello bis zur kleinen Kirche von San Giuliano aus dem

Castello

Olivenhaine

Die Jugendherberge Il Poggio

11. Jahrhundert. Schließlich war die Insel bereits seit prähistorischer Zeit bis ins 17. Jahrhundert bewohnt, es gab sechs Kirchen und ein Kloster. Im 15. Jahrhundert pflanzten die Olivetani-Mönche Olivenbäume und produzierten 150 Jahre lang ihr eigenes Öl – wie man es noch heute in der inseleigenen Ölmühle sehen kann.

Ein wunderschöner Weg führt durch die jahrhundertealten Olivenhaine bis zum renovierten Bauernhof, der Jugendherberge Il Poggio.

Der Ausblick von hier ist so bezaubernd dass man sich nur schwer wieder davon lösen kann. Wenn nicht, kann man in Ruhe den spektakulären Sonnenuntergang genießen und hier übernachten.

Wer weiterwandert, erreicht bald die Ruinen des Klosters der Olivetani mit der Kirche von San Secondo aus dem 15. Jahrhundert und kann auf dem Rückweg zum Fähranleger an einem kleinen Badestrand das Wasser testen. Allerdings wirkt das Wasser gerade in den heißen Sommermonaten nicht sehr einladend.

Dank fehlender Industrie in dieser Gegend schließen regelmäßige Kontrollen Verschmutzungen zwar aus, bringen aber keine Abhilfe gegen den immer stärker sinkenden Wasserspiegel des bereits sehr flachen Sees.

Während mittelitalienische Seen wie der Lago di Bolsena oder der Lago di Bracciano als ehemalige Vulkankrater sehr tief sind, hat sich der Lago Trasimeno durch Verschiebung tektonischer Platten gebildet. Zuläufe fehlen, er wird nur vom Regenwasser gespeist.

Info

Lage: Isola Polvese, Insel im Lago Trasimeno, 30 Kilometer westlich von Perugia.

Fährverbindung: Fahrt zur Insel ab San Feliciano zwischen April und September circa stündlich mit der Fähre, Fahrradmitnahme möglich, *www.fsbusitalia.it*

Aktivitäten:

- Naturkundlich-geschichtliche Führungen (Visite guidate): Anmeldung über das Centro di Educazione Ambientale di Isola Polvese, *info@plestina.it*, *polvese.it/proposte-ecoturismo-isola-polvese*
- Ölmühle (Frantoio) über das Resort der Isola Polvese zu besichtigen, *isolapolveseresort.com/il-frantoio*
- Umrundung der Insel zu Fuß circa eine Stunde

Einkehren und Übernachten:

- Giramondo Ristorante Pizzeria: gutes Essen bei spektakulärem Sonnenuntergang; Via Gandhi, 29, 06063 San Feliciano, *giramondo-ristorante-pizzeria.business.site*
- Villa Polvese: Hotel-Resort mit Bar, Restaurant und Tagungszentrum; nahe am Fähranleger, *isolapolveseresort.com*
- Il Poggio. Jugendherberge mit Bar, wechselnde Pächter, daher nicht immer geöffnet, *fattoriaisolapolvese.com*

Website: *umbriatourism.it/de-DE/-/rocca-di-isola-polvese*

7 Corciano

BEWOHNTES „FREILICHTMUSEUM" MIT VIEL CHARME

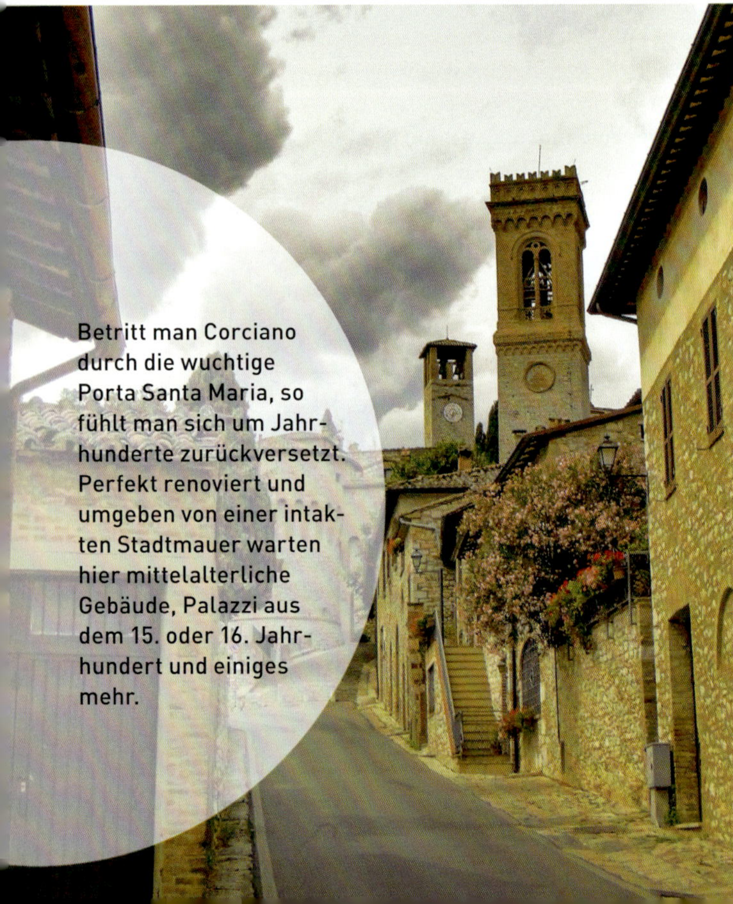

Betritt man Corciano durch die wuchtige Porta Santa Maria, so fühlt man sich um Jahrhunderte zurückversetzt. Perfekt renoviert und umgeben von einer intakten Stadtmauer warten hier mittelalterliche Gebäude, Palazzi aus dem 15. oder 16. Jahrhundert und einiges mehr.

Auch Corciano gehört zur Vereinigung der „Borghi più belli d'Italia", der schönsten befestigten Ortschaften Italiens. Und hier ist wirklich alles liebevoll renoviert und sogar noch bewohnt: Auf der kleinen Piazza dei Caduti tauscht man sich bei einem Eis oder Cappuccino aus, die Alten sitzen mit ihren Stühlen in den Gassen und unterhalten sich, die Jungen gehen abends in die Bars entlang der Stadtmauer und genießen den schönen Blick aufs Umland. Da Corciano auf einem Hügel unweit von Perugia liegt, bietet es sich auch als guter Ausgangspunkt zur Entdeckung Zentralumbriens und des Lago Trasimeno an.

Am besten beginnt man die Erkundung des Ortes in der modernen Touristeninformation außerhalb der Stadtmauern, wo man sich für die Besichtigung der Museen und Kirchen Corcianos anmelden kann. Hier befindet sich auch das „Antiquarium", ein Museum mit vor- und frühgeschichtlichen sowie archäologischen Abteilungen. Sogar Fundstücke der etruskischen Nekropolen von Strozzacapponi unweit von Corciano sind hier zu sehen.

Porta Santa Maria

Folgt man von hier der Stadtmauer, so erreicht man die Porta Santa Maria, deren Turm erst Ende des 15. Jahrhunderts zur Verstärkung erbaut wurde. Schließlich gehörte Corciano zu den Castelli rund um Perugia, den befestigten Anlagen, die für seine Verteidigung zuständig waren.

Innerhalb der Mauern befindet sich rechter Hand die Pfarrkirche Chiesa di Santa Maria Assunta aus dem 13. Jahrhundert mit drei sehr schönen Altarbildern des berühmten Renaissancemalers Pietro Vannucci, genannt „Il Perugino". Interessant ist jedoch auch ein Gemälde des umbrischen Malers Benedetto Bonfigli von 1472: Der „Pestbanner" zeigt das Corciano der damaligen Zeit. Wurde in der Sakralkunst normalerweise keine real existierende Landschaft dargestellt, so ist es hier anders. Jahrhundertealte Olivenbäume umgeben den Ort, die um das Jahr 1000 von Augustinermönchen wieder angepflanzt worden waren, nachdem die Barbaren alles gefällt hatten.

Sozusagen um die Ecke der Kirche kann man im kleinen Geschäft von Luigi Brunelli mehr zum Thema Olivenöl erfahren, es probieren und kaufen. Der sympathische Besitzer presst sein Öl außerhalb Corcianos selbst. Allerdings muss man Glück mit den Öffnungszeiten haben.

Geschäft von Luigi Brunelli

Bleibt man auf der Via della Corgna, so erreicht man bald die Chiesa di San Cristoforo mit einem kleinen Museum für sakrale Kunst. Ein Kuriosum befindet sich kurz oberhalb an der Straße: eine schmale „Totentür", die im Mittelalter nur geöffnet wurde, wenn jemand starb und der Sarg hinausgetragen werden musste. Daneben lag die breitere „normale" Eingangstür. Die Tradition der Porta del morto findet man auch in Perugia und Gubbio sowie in der Toskana, den Marken und im Latium.

Totentür/Porta del morto

Noch ein Stück weiter der Straße entlang liegt ein kleines Museum in einem ehemaligen Bauernhaus, das Museo della Casa Contadina. Während einer Führung erfährt man, dass in

Museo della Casa Contadina

Schlafzimmer im Museum

den 1950er- bis 1960er-Jahren mehr als die Hälfte der Italiener in der Landwirtschaft tätig waren. Das Museum zeigt das Leben bis zu jenen Tagen, in denen alles Nötige selbst vor Ort hergestellt wurde. Daher sieht man hier neben der gesamten Einrichtung auch viele Werkzeuge und einen Webstuhl. Interessante Geschichten wie über das Waschen der Kleidung mit Asche machen den Besuch zu etwas Besonderem.

Terracottaschild

Den Charme des Ortes erlebt man am besten, wenn man einfach durch die Straßen bummelt. Dabei sollte man auf die Terracottaschilder an den Häusern achten, die auf das Leben wichtiger Persönlichkeiten und die Geschichte des Ortes hinweisen.

Beinahe automatisch landet man dabei oben auf der Piazza dei Caduti mit einer Bar und Eisdiele. In einer Seitengasse kann man sich in der Bäckerei „La Forneria" mit Brot und leckerem Gebäck versorgen und die umbrische Spezialität, die „Torta di Pasqua" versuchen. Dieses Hefebrot mit Käse wird traditionell an Ostern serviert, man findet es aber auch außerhalb dieser Zeit. Über eine Treppe in der Stadtmauer kommt man schnell wieder zurück zum Startpunkt.

Info

Lage: Corciano liegt etwa zehn Kilometer westlich von Perugia.

Aktivitäten:

- Antiquarium: Museum und Touristeninfo: Via Cornaletto, 4, 06073 Corciano, *comune.corciano.pg.it/musei/antiquarium*
- Museo della Casa Contadina: Tickets im Antiquarium erhältlich; Via Tarragone, 06073 Corciano, *comune.corciano.pg.it/musei/museo-della-casa-contadina*
- Chiesa di Santa Maria Assunta: Via della Corgna, 6, Corciano, *umbriatourism.it/-/chiesa-di-santa-maria-assunta*
- Stadtführung: Sehr gut informiert ist die italienisch- und deutschsprachige Stadtführerin Catia Melani. Buchung unter *catia.melani@gmail.com*
- Olivenölgeschäft von Luigi Brunelli: Via della Corgna, 06073 Corciano
- Bäckerei La Forneria: Corso Cardinale Rotelli, 25, 06073 Corciano

Einkehren und Übernachten:

- Ristorante Il Convento: ehemaliges franziskanisches Kloster aus dem 13. Jahrhundert mit hübschen Fresken im Speisesaal; Via del Serraglio, 2, 06073 Corciano, *ristoranteilconvento.it*
- Il Galletto: Ferienwohnung mit Pool, sehr schön am Ortsrand gelegen, sehr freundliche Vermieterin: Dina Galli, Via Baldeschi, 30, 06073 Corciano, *il.galletto@tiscali.it*
- Villa Pieve Country House: historische Unterkunft in einer Villa aus dem 19. Jahrhundert, knapp ein Kilometer außerhalb Corcianos in hübscher Lage gegenüber dem Castello di Pieve del Vescovo. Sehr schöne Zimmer in der Villa. Es werden diverse Aktivitäten wie Koch- oder Sprachkurse angeboten: Via Bonciari 126, 06073 Corciano, *villapieve.biz*

Website: *umbriatourism.it/de/corciano*

Das nördliche Umbrien

Gubbio

Das nördliche Umbrien

8. Città di Castello: Kunst, Tabak und altes Handwerk
9. Gubbio: märchenhaftes Mittelalter und der größte Weihnachtsbaum der Welt
10. Montone: Slow Food und der vielleicht schönste „Borgo“ Umbriens
11. Regionalpark Monte Cucco: Autotour auf den Spuren der Tempelritter
12. Gualdo Tadino: Keramik, Emigration und tiefe Wälder

Saltara
Piandimeleto
Urbino
Sestino
Fossombrone
Fermignano
Sant'Angelo in Vado
Urbania
San Silvestro
Mercatello sul Metauro
Fiume Candigliano
Piano
Naro
Piobbico
Smirra
Pieve San Vito
Osteria di Pietragialla
Pergola
Apecchio
Serravalle di Carda
Grumale
Pantana
Selci-Lama
Pianello
Fraccano
Fiume Burano
8
Morena
Cantiano
Città di Castello
Pietralunga
Sassoferrato
11
Scheggia
10
9
Trestina
Semonte-Casamorcia
SS3
Parco Regionale del Monte Cucco
Montone
Camporeggiano
Gubbio
Leo Bastia
Fabriano
SS219
Sigillo
Umbertide
Fossato di Vico
Cancelli
Pierantonio
Branca
Serradica
12
SS318
SS3bis
Carbonesca
Gualdo Tadino
Morano Osteria
Ponte Pattoli
Gaifana-Colle
Mantignana
Valfabbrica
Colombella
RA6
Porziano
Corciano
Perugia
Bagnara
Chiugiana
Ponte San Giovanni
Assisi
Bastia Umbra
Fiume Topino
Colfiorito
Fontignano
Torgiano
Cannara
Spello
0
10 km

8 Città di Castello

KUNST, TABAK UND ALTES HANDWERK

In der hübschen, von Mauern umgebenen Altstadt von Città di Castello findet man große Künstler der Renaissance genauso wie die moderne Kunst des Alberto Burri. In der einst von der Tabakproduktion geprägten Stadt lässt sich auch gut ein Eindruck der historischen Handwerkskünste Umbriens gewinnen.

Gerade an den Markttagen sind die Straßen zwischen Dom und Piazza Matteotti geprägt von buntem Treiben zwischen den zahlreichen Ständen. Am schnellsten gelangt man vom Parkplatz Parcheggio G. Ferri über Rolltreppen zunächst zum Dom innerhalb der Stadtmauern und gleich dahinter zum eindrucksvollen Palazzo dei Priori. Doch die schöne Fassade täuscht: Im eisernen Korb rechts des Haupteingangs wurden im Mittelalter die Köpfe der enthaupteten Verbrecher zur Abschreckung ausgestellt. Weiter geht es durch einen Bogen und entlang der Marktbuden, bis man schnell das Herz der Stadt, die Piazza Matteotti, erreicht. Hier kann man sich in einer Bar gut unter die Einheimischen mischen.

Palazzo dei Priori

Korb am Palazzo dei Priori

Kurz vor der Piazza befindet sich auf der linken Seite der Eingang zur historischen Druckerei Grifani Donati. In diesem Familienbetrieb wird in siebter Generation seit 1799 gedruckt. Während einer Führung erfährt man einiges über die Geschichte des Buchdrucks und der Lithografie sowie die traditionellen Drucktechniken, während man mechanische Pressen aus dem 19. und 20. Jahrhundert im Einsatz sieht. Gianni Ottaviani

Eingang zur Tipografia Grifani-Donati

Corso Camillo Benso Conte di Cavour

und sein Sohn führen weiterhin Aufträge wie Kunstdrucke, Visitenkarten, Briefpapier oder notarielle Urkunden aus. Im dazugehörigen Geschäft gegenüber kann man entsprechende Andenken erwerben.

Auf der anderen Seite der Piazza Matteotti wartet traditionelle umbrische Handwerkskunst in der Weberei samt Museum und Geschäft „Tela Umbra", das sich seit 1908 im Palazzo Alberti Tomassini befindet. Während einer Führung lernt man u. a., dass die ältesten umbrischen Stoffe, die „Tele", auf das 11. bis 12. Jahrhundert zurückgehen und die typischen Motive in Blau-Weiß auf die klassische Antike zurückgreifen.

Nachdem die umbrischen Stoffe im 14. und 15. Jahrhundert in ganz Europa verbreitet waren, ebbte ihre Bekanntheit spätestens im 19. Jahrhundert ganz ab. Das Museum zeigt historische Holzwebstühle, an denen per Hand hochwertige Leinenstoffe für Tischdecken, Servietten und Ähnliches gewebt werden. Diese können vor Ort erworben werden.

Anschließend warten im Palazzo Albizzini die Werke des einheimischen Künstlers Alberto Burri, der von 1915 bis 1995 lebte. Die monumentaleren Gemälde und Skulpturen befinden sich außerhalb der Stadtmauern in ehemaligen Trocknungslagern für Tabak.

Denn Città di Castello lebte viele Jahre lang von der Tabakproduktion, die ihren Ursprung in der relativ unbekannten Republik von Cospaia in der Gemeinde San Giustino hat: Dieser Mini-Staat war von 1441 bis 1826 unabhängig, nachdem ein kleines Stück Land im Kaufvertrag während des Basler Konzils vergessen und nicht an die Republik Florenz verkauft wurde. War das Gebiet auch geradezu winzig, so wurde es genutzt, um Tabak anzubauen – gegen das damalige päpstliche Verbot. Nach 1826 wurde weiterhin auf den Tabakfeldern gearbeitet. Berühmter als die hiesigen Zigarren wurde im 19. Jahrhundert allerdings die Zigarre der Marke „Toscano" aus Florenz, die heute noch existiert. Mehr erfährt man im Tabakmuseum im nahe gelegenen San Giustino.

Wer sich für die Kunst der Renaissance interessiert, der findet in der kleinen Kirche von San Francesco, wieder im Zentrum, berühmte Werke von Vasari und Raffael, wenn auch nur als Kopie. Noch mehr gibt es in Umbriens zweitgrößter Pinakothek

Blick vom Palazzo Vitelli alla Cannoniera

Palazzo Vitelli alla Cannoniera

im Palazzo Vitelli alla Cannoniera zu sehen. Von der Familie Vitelli im 16. Jahrhundert in Auftrag gegeben, wurde der Palazzo seitdem nicht verändert. Er fällt durch seine üppig bemalte Fassade sowie den im italienischen Stil angelegten Garten auf.

Campanile cilindrico

Highlight der Sammlung ist eine Kopie der „Vermählung Mariä" von Raffael, dessen Original – wie die Werke aus der Kirche San Francesco – in der Pinacoteca di Brera in Mailand aufbewahrt wird. Der berühmte Maler und Architekt der Renaissance, Raffaello Sanzio da Urbino, schuf einige seiner Werke während seines Aufenthalts in Perugia und Città di Castello, worauf die Einwohner sehr stolz sind.

Piazza Matteotti

Spaziert man vom Dom zum Palazzo, so erhält man einen guten Eindruck der typischen Straßen der Stadt und kommt am „Campanile cilindrico" vorbei.

Info

Lage: Città di Castello liegt etwa 50 Kilometer nördlich von Perugia. Der Zugang zum Zentrum erfolgt über Rolltreppen, z. B. ab Parcheggio G. Ferri, Viale Nazario Sauro

Aktivitäten:

- Tipografia Grifani Donati: Corso Camillo Benso Conte di Cavour, 4, 06012 Città di Castello, *tipografiagrifanidonati.it/tipografia*
- Tela Umbra: Werkstatt, Textilsammlung und Geschäft; Palazzo Alberti Tomassini, Via S. Antonio, 3, 06012 Città di Castello, *telaumbra.it*
- Fondazione Palazzo Albizzini Collezione Burri: Via Albizzini, 1, 06012 Città di Castello, *fondazioneburri.org*
- Ehemalige Tabakhallen mit Burri-Kunstwerken: Via Francesco Pierucci, 2, 06012 Città di Castello, *fondazioneburri.org/la-fondazione/ex-seccatoi.html*
- Museo storico e scientifico del tabacco: Tabakmuseum Viale Toscana, 5, 06012 San Giustino, *rimaltotevere.it/musei/museo-storico-e-scientifico-del-tabacco*
- Palazzo Vitelli alla Cannoniera: Largo Monsignore Muzzi, 9A, 06012 Città di Castello, *cittadicastelloturismo.it/percorso/pinacoteca-comunale*
- Markt: Donnerstag- und Samstagvormittag rund um den Dom bis zur Piazza Matteotti, hauptsächlich Kleidung und Haushaltswaren

Einkehren und Übernachten:

- Trattoria Lea: Trüffelgerichte und typisch umbrische, teils toskanisch angehauchte Küche. An Markttagen schnell voll; Corso Camillo Benso Conte di Cavour, 8 F, 06012 Città di Castello, *trattorialeacdc.com*
- Hotel Tiferno: eines der ältesten Hotels in ganz Umbrien mitten in der Altstadt; Piazza Raffaello Sanzio, Città di Castello, *www.hoteltiferno.it*

Website: *umbriatourism.it/de/citta-di-castello*

9 Gubbio

MÄRCHENHAFTES MITTELALTER UND DER GRÖSSTE WEIHNACHTSBAUM DER WELT

Gubbio behauptet von sich selbst die schönste mittelalterliche Stadt Italiens zu sein. Tatsächlich taucht man hier tief in das Mittelalter ein, das gerade in der Weihnachtszeit auf perfekte Weise in Szene gesetzt wird. Doch nicht nur dann: Das liebenswerte Gubbio ist definitiv eine Reise wert!

Fährt man auf die Stadt zu, so beeindrucken zunächst die Reste eines großen römischen Theaters aus dem 1. Jahrhundert v. Chr., mit 70 Meter Durchmesser eines der größten Umbriens.

Römisches Theater

Vom Parkplatz an der Piazza dei Quaranta Martiri ist man schnell am gleichnamigen Platz, dessen Name auf die Erschießung von 40 Einwohnern am 22. Juni 1944 durch die SS-Truppen hinweist. Außerhalb des Ortes ist ihnen ein großes Mausoleum gewidmet, wo sogar noch die Mauern mit den Einschusslöchern zu sehen sind.

An den heiligen Franziskus, der in Gubbio mit einem wilden Wolf sprach und ihn zähmte, erinnert eine Bronzestatue neben der Kirche San Francesco. Die Höhle des Tieres sowie sein Sarkophagdeckel aus dem Spätmittelalter können in der Krypta der kleinen Kirche San Francesco della Pace am anderen Ende der Stadt besichtigt werden. Im dazugehörigen Grab wurden tatsächlich Skelettteile des Wolfs gefunden.

Vorbei an der Loggia dei Tiratori geht es steil bergauf, was durch mehrere Lifte erleichtert wird. Mühelos erreicht man dadurch in kürzester Zeit den größten terrassenförmig angelegten Platz Europas, die Piazza Grande, die einen umwerfenden Blick auf das Umland bietet. Sie wurde auf Arkaden erbaut, um den steilen Berg auszugleichen. Hier liegt auch der monumentale Palazzo dei Consoli mit einer archäologischen Besonderheit in seinem Museum: die Iguvinischen Tafeln. Diese sieben Bronzetafeln aus dem 3. bis 1. Jahrhundert v. Chr. beschreiben religiöse Riten und stellen das wichtigste Schriftzeugnis der umbrischen Kultur dar.

Das Museum zeigt auch sehr schöne Beispiele der Lüstertechnik des hiesigen Keramikmeisters „Mastro Giorgio", Giorgio Andreoli. Er führte im 16. Jahrhundert diese neue Technik des „Lustro" ein. Ursprünglich stammt sie aus der islamischen Welt und verleiht Tellern, Kelchen oder Vasen einen rubinroten oder goldenen Glanz. Nach und nach kamen neue Motive und Farben hinzu. Im Stadtzentrum verkaufen einige Geschäfte Keramik mit dieser Technik sowie mit später hinzugekommenen Farben und traditionellen Motiven.

Der Palazzo dei Consoli birgt außerdem eine Neuheit für das Mittelalter: Die Gemächer des Stadtoberhaupts besaßen bereits fließendes Wasser, das durch ein Aquädukt vom Fluss in den Palast geleitet wurde. Ein Zeugnis davon stellen der Brunnen im ersten Stockwerk sowie das Bad und die Toiletten des Konsuls dar. Von hier oben ist der Blick unvergleichlich und den steilen Treppenanstieg wert.

Palazzo dei Consoli

Campanari

An Feiertagen ist die riesige Glocke des Palazzo nicht zu überhören, die seit seiner Erbauung Anfang des 14. Jahrhunderts von einheimischen Männern „geläutet" wird. Nach jahrelangem Üben auf der kleineren Glocke des Doms springen diese „Campanari" in schwindelnder Höhe direkt auf eine Holzvorrichtung, an der die Glocke hängt, um sie zum Schwingen und Klingen zu bringen. Diese Tradition wird mit großer Begeisterung von Generation zu Generation weitergegeben.

Blick vom Monte Ingino und Funivia Colle Eletto

Einen großartigen Blick hat man auch vom noch weiter oben gelegenen Dom mit seinem kleinen Gärtchen. Doch ganz hoch hinaus geht es mit der Seilbahn des Colle Eletto auf den 522 Meter hohen Monte Ingino. Allerdings sollte man schwindelfrei sein, da man in einem kleinen, engen Käfig transportiert wird.

Oben auf dem Berg liegt die kleine Kirche Sant'Ubaldo, die dem Stadtheiligen gewidmet ist. Kaum vorstellbar aber wahr: Während des weltberühmten „Kerzenlaufs" , der Corsa dei Ceri, werden seit dem 12. Jahrhundert alljährlich am 15. Mai riesige

Holzkonstruktionen, die „Ceri", im Rennen hier hinauf getragen. An ihren Spitzen befinden sich die Statuen der Heiligen Ubaldo und Giorgio sowie des Abtes Antonio. Das Fest ist so berühmt, dass diese drei „Kerzen" 1973 in das umbrische Wappen aufgenommen wurden.

Und in der Weihnachtszeit erstrahlt entlang des Berges ein überdimensionaler Lichterbaum, angeblich der größte Weihnachtsbaum der Welt! Außerdem wird das Stadtviertel San Martino zu einer großen Weihnachtsszene, wenn lebensgroße Figuren die alten Handwerkskünste nachstellen. Ob entlang des Flusses oder in den engen Gassen, alles fügt sich perfekt in das mittelalterliche Ambiente ein. Zusätzlich werden der Palazzo dei Consoli und einige Kirchen mit Videoprojektionen angestrahlt.

Darstellung der alten Handwerkskünste

Weihnachtsszenen im Stadtteil San Martino

Info

Lage: Gubbio liegt etwa 40 Kilometer nördlich von Perugia.

Aktivitäten:

- Palazzo dei Consoli: Piazza Grande, 06024 Gubbio, *palazzodeiconsoli.it*
- Chiesa di San Francesco della Pace: Via Giorgio Mastro, 2, 06024 Gubbio, *sanfrancescodellapace.it*
- Mausoleo 40 martiri: Via Mausoleo, 06024 Gubbio, *40martiridigubbio.it*
- Weihnachtsbaum und „Via del presepe" (Figuren rund um die Via Capitano del Popolo und am Fluss): 7./8. Dezember bis 6. Januar; *alberodigubbio.com*
- Festa/Corsa dei Ceri: jedes Jahr am 15. Mai; *ceri.it*
- Terra di Tartufo: Trüffelmesse, jedes Jahr Oktober/November; Piazza 40 Martiri, 06024 Gubbio, *tartufodigubbio.it*
- Seilbahn: Funivia Colle Eletto, Via Armanni, 11, 06024 Gubbio, *funiviagubbio.it*
- Markt: Dienstagvormittag: schöner Markt mit regionalen Produkten und Kleidung, Piazza 40 Martiri, 06024 Gubbio

Einkehren und Übernachten:

- Il Picchio Verde: gutes Restaurant mit Trüffelspezialitäten; Via Savelli della Porta, 65, 06024 Gubbio, *ristorantepicchioverde.com*
- Relais Ducale: gehobenes Hotel, Restaurant und Bar; Piazza Grande, 5, 06024 Gubbio, *relaisducale.com*
- Agriturismo Fontechiara: herrlich gegenüber von Gubbio gelegener Agriturismo mit schönen Wohnungen und sehr freundlichen Gastgebern; Località San Martino in Colle, 06024 Gubbio, *fontechiara.umbria.it*

Website: *umbriatourism.it/de/gubbio#*

HINWEIS: Das Zentrum dürfen nur zugelassene Fahrzeuge befahren

10 Montone

SLOW FOOD UND DER VIELLEICHT SCHÖNSTE „BORGO" UMBRIENS

Für einige ist das mittelalterliche Montone der schönste Borgo in ganz Umbrien: Hoch auf einem Berg gelegen mit fantastischer Aussicht und malerischen Gassen lässt es sich autofrei herumschlendern. Noch dazu findet man hier zwei Restaurants, in denen Slow Food ganz groß geschrieben wird.

Das kleine Montone entstand zwischen dem 9. und 10. Jahrhundert und liegt in exponierter, strategisch außerordentlich günstiger Lage auf knapp 500 Meter Höhe. Denn von hier oben konnte das Tal des Tibers sehr gut kontrolliert werden. Wichtigste Person in der Geschichte des Ortes ist Braccio da Montone, ein Söldnerkapitän, der sein Leben dem Krieg widmete. Er versetzte das Italien des 14. und 15. Jahrhunderts mit seinen Truppen in Angst und Schrecken. Von der Festung seiner Familie, der Fortebracci, ist heute allerdings nicht mehr viel zu sehen. Nur eine Ruine am Ortseingang erinnert noch daran.

Reste der Rocca di Braccio

In Anlehnung an diesen berühmten Adligen entstand einer der Namen der beiden zusammengehörenden Restaurants „Tipico" und „La Locanda del Capitano" . Der „Capitano" selbst, Giancarlo Polito, ist Koch aus Leidenschaft. Er hat sich dem Slow Food verschrieben und zaubert äußerst wohlschmeckende als auch kreative Gerichte. Bereits zweimal hat er daher die „Lumaca", die Schnecke, Symbol und Auszeichnung der Slow Food-Bewegung erhalten. Einen Michelin-Stern besitzt er sowieso.

Osteria Tipico

In beiden Restaurants trifft man auf 100 Prozent umbrische Küche, deren Zutaten aus der

Hotel La Locanda del Capitano

Region stammen. Im „La Locanda" wird der Gourmet glücklich, der die umbrische Küche auf eine ausgefallene Art kennenlernen möchte. Die „Tipico Osteria dei Sensi" bietet ziemlich das Gleiche, nur in weniger exklusivem Ambiente. Außerdem werden hier zwölf Olivenöle zur Verkostung angeboten. Immerhin ist Paolo Morbidoni, der Geschäftspartner von Giancarlo Polito, ein Wein- und Ölsommelier!

Polito setzt auf kleine Hersteller in der Umgebung, die höchste Qualität liefern. Indem er großen Wert auf Nachhaltigkeit und die Verwendung traditioneller Lebensmittel legt, folgt er gänzlich den Ideen der Slow Food-Bewegung. Sie entstand in den 1980er-Jahren als Gegenbewegung zum Fast Food in Italien und breitete sich im Lauf der Jahre über die ganze Welt aus. Unter dem Motto „gut, sauber, fair" stehen Nachhaltigkeit, artgerechte Tierhaltung und die traditionelle Verarbeitung regionaler Lebensmittel im Vordergrund. Die Bewegung setzt sich unter anderem für den Schutz der Biodiversität sowie alter Arten wie zum Beispiel den schwarzen Sellerie aus Trevi oder die Bohne des Lago Trasimeno ein.

Giancarlo Polito und Paolo Morbidoni gehen mit ihren Restaurants noch weiter, denn auf ihrer Speisekarte steht: „Für uns

Giancarlo Polito und Paolo Morbidone

ist Essen wie ein Gedicht: Die Landwirte bauen die Wörter an, die Küche kreiert und die Gaststube erzählt es. Der Kunde kostet mit all seinen Sinnen und erlebt etwas Einmaliges." Daher nennen sie ihre Osteria auch die „Osteria dei sensi", die Osteria der Sinne.

Piazzetta Panoramica

Wem vor oder nach dem Essen nach etwas Bewegung ist, der kann über das Herz des Ortes, die Piazza Fortebraccio, hinaufsteigen zur Kirche samt Kloster von San Francesco. Vorher bietet sich ein Stopp an der aussichtsreichen Piazzetta Panoramica

Blick aufs HInterland

an: Weit schweift der Blick hier über die waldreichen Hügel des Hinterlandes.

Anschließend kann man im Museumskomplex von San Francesco sowohl die gotische Kirche mit ihrem schönen Holzportal und ihren Fresken umbrischer Maler aus dem 14. bis 16. Jahrhundert als auch das kleine Museum mit seiner Pinakothek besuchen. Interessant sind hier die Stammbäume der Familie Fortebraccio.

Auch wenn Montone eher klein ist, so hebt es sich durch seine Feste hervor: Die „Donazione della Santa Spina" soll an die Übergabe einer Dorne aus der Dornenkrone Christi im 15. Jahrhundert an Carlo Fortebraccio erinnern. Bei der „Festa del Bosco" geht es um die Früchte des Waldes wie den Trüffel oder Pilze. Besonders hervorzuheben ist allerdings das jährlich stattfindende internationale Filmfestival, oft mit berühmten Gästen aus der Filmbranche.

Info

Lage: Montone liegt 40 Kilometer nördlich von Perugia.

Aktivitäten:

- Museo Civico di San Francesco: Via di San Francesco, 06014 Montone, *www.beniculturali.it/luogo/complesso-museale-di-san-francesco-montone-di-montone-fiume*
- Festa del Bosco: Fest rund um die „Früchte des Waldes" wie Pilze, Kastanien und Trüffel sowie Handwerkskunst jeweils Anfang November; *festadelbosco.il*
- Umbria Filmfestival: Jeweils in der ersten Julihälfte werden auf der Piazza Fortebraccio fünf Tage lange internationale Filme gezeigt; *umbriafilmfestival.com*
- Donazione della Santa Spina: mittelalterliches Fest jeweils Mitte August; *donazionedellasantaspina.it*

Einkehren und Übernachten:

- Tipico Osteria dei sensi und La Locanda del Capitano: einfache und ausgefallene italienische und mediterrane Küche; Via Roma, 3, 06014 Montone, *tipicomontone.it* bzw. Via Roma, 7, 06014 Montone, *ilcapitano.com*
- Aries Café Bar Gelateria: nette Bar und Eisdiele mitten im Zentrum; Corso Garibaldi, 1, 06014 Montone
- La Locanda del Capitano: Gourmet-Hotel für einen ausgefallenen Aufenthalt mitten im Ort; Via Roma, 7, 06014 Montone, *ilcapitano.com/boutique-hotel-montone-la-locanda-del-capitano-perugia-umbria*
- Le Tortorelle: wunderschön in der Natur gelegener Agriturismo auf einem Landgut aus dem 19. Jahrhundert; zwölf Kilometer von Montone; Localtà Molino Vitelli, 180, 06019 Umbertide, *letortorelle.it*

Website: *umbriatourism.it/de/montone*

11 Regionalpark Monte Cucco

AUTOTOUR AUF DEN SPUREN DER TEMPELRITTER

Der Regionalpark des Monte Cucco ist vor allem bekannt bei Wanderern, Kletterern, Gleitschirmfliegern und Höhlenliebhabern. In seinen dichten Steineichen- und Buchenwäldern liegen versteckt alte Abteien und man stößt sogar auf Spuren der Tempelritter.

Am nordöstlichen Rand Umbriens, kurz vor der Grenze zu den Marken, befindet sich der Regionalpark des Monte Cucco, benannt nach dem gleichnamigen Berg. Hier leben nur wenig Menschen und man kann Wildschweinen, Wölfen, Adlern oder Wildkatzen begegnen. Seine raue Natur, in der sich undurchdringliche Wälder mit Bergwiesen und tiefen Schluchten abwechseln, zeichnen diesen Park aus. In seinem Karstgestein verbirgt sich außerdem eine der größten und tiefsten Höhlen Europas, die Grotta di Monte Cucco. Doch Wanderer und vor allem Paraglider zieht es hinauf auf den 1566 Meter hohen Berg, den man umrunden und auf zahlreichen Wegen entdecken kann.

Die Gegend um den Monte Cucco war zwischen dem 13. und 14. Jahrhundert Sitz der Tempelritter, von denen heute noch Spuren vorhanden sind. Sie besaßen Ländereien in der Nähe des heutigen Fossato di Vico und vor allem in Perticano, von wo aus sie angeblich die Klöster in der Nähe, Eremo di San Girolamo und Abbazia di Sant'Emiliano in Congiuntoli, kontrollieren konnten. Ab 1310 wurde den Tempelrittern des Monte Cucco in Gubbio von der Heiligen Inquisition der Prozess gemacht und der Orden wurde anschließend aufgelöst.

Ab Scheggia lässt sich eine landschaftlich und historisch interessante Autotour entlang der alten Abteien unternehmen. Man folgt zunächst der SS360 Richtung Sassoferrato mitten durch die engen Felsen der Gola del Corno bis zum kleinen Ort Isola Fossara.

Gola del Corno

Hier geht es weiter über die SP226 zur Abbazia di Santa Maria di Sitria. Die malerisch in einem Tal gelegene Abtei geht zurück auf das 11. Jahrhundert und den Gründer des Kamaldulenser-Ordens, den hl. Romuald. Vom ursprünglichen Kloster ist heute

Abbazia di Santa Maria di Sitria

nur noch die Kirche zu sehen, die besichtigt werden kann. Die Mönche der Kamaldulenser schlossen sich im 20. Jahrhundert den Benediktinern an.

Anschließend fährt man zurück nach Isola Fossara und weiter auf der SS360 bis zur Abzweigung nach Pascelupo. Der winzige Ort war einst Sitz einer Templerburg, nachdem die damalige Straße nach Costacciaro hier vorbeiführte. Auf den Ruinen der Burg erbauten 1520 Kamaldulenser-Mönche das Kloster Eremo di San Girolamo etwas außerhalb des Ortes.

Folgt man einem steilen Wanderweg ab dem Zentrum von Pascelupo hinunter ins Tal, so erreicht man das wilde Valle delle Pri-

Eremo di San Girlolamo/di Monte Cucco

Sant'Emiliano in Congiuntoli

gioni. Die Berge sind hier so eng, die Steineichenwälder so dicht, dass das Tal seinen Namen „Tal der Gefängnisse" erhielt. Vom Beginn des Weges sowie vom Ortsrand blickt man schön hinüber auf das Kloster und kann es auf einer kleinen Wanderung erreichen. Leider ist es nicht zu besichtigen, da die noch heute dort lebenden Mönche nicht gestört werden möchten.

Die Straße führt weiter durch dicht bewachsene Berge bis nach Perticano und zur Abbazia di Sant' Emiliano in Congiuntoli. Die imposante Abtei liegt gleich neben der Straße an der Stelle, wo die Flüsse Rio Freddo und Sentino zusammenfließen. Daher erhielt sie den Namen „Congiuntoli". Als eine der ältesten Abteien Umbriens wurde sie angeblich zwischen dem 11. und 13. Jahrhundert zumindest teils mit Geldern der Tempelritter erbaut und von ihnen verwaltet. Wie die Zisterzienser-Mönche bevorzugten diese die geradlinige Architektur. Seit dem 17. Jahrhundert lebte hier kein Orden mehr, heute ist sie in Privatbesitz.

Costacciaro zur Weihnachtszeit

Zurück fährt man wieder über Isola Fossara und Scheggia und folgt über die SS3 der Via Flaminia in den interessantesten Ort des Regionalparks: Costacciaro.

Tatzenkreuz

In diesem mittelalterlichen „Borgo" finden sich konkrete Zeugnisse der Tempelritter: Bei Restaurierungsarbeiten der Kirche San Francesco aus dem 13. Jahrhundert wurden, versteckt an den Seitenwänden, die „Tatzenkreuze" der Templer entdeckt.

Gleich gegenüber liegt die alte Ölmühle Antico Frantoio „Il Montano" aus dem 17. Jahrhundert. Hier wurde ein kleines kostenloses Museum eingerichtet, in dem Freiwillige Führungen anbieten.

Ölmühle Antico Frantoio „Il Montano"

Info

Lage: Der Parco Regionale del Monte Cucco zieht sich östlich von Scheggia bis Fossato di Vico. Scheggia liegt etwa 13 Kilometer nordöstlich von Gubbio und etwa 50 Kilometer von Perugia.

Aktivitäten:

- Abbazia di Santa Maria di Sitria: im August immer geöffnet und Führungen an den Wochenenden, sonst nur auf Anfrage (*tramontanaguide.com*); *umbriatourism.it/it/-/abbazia-di-santa-maria-di-sitria*
- Eremo di San Girolamo/di Monte Cucco und Abbazia di Sant'Emiliano in Congiuntoli: in Privatbesitz, nicht zu besichtigen
- Chiesa di San Francesco, Corso Giuseppe Mazzini; Corso G. Mazzini, 26, 06021 Costacciaro
- Antico Frantoio „Il Montano": Via Valentini 31, 06021 Costacciaro, *museionline.info/musei/antico-frantoio-dell-olio-costacciaro*
- Wanderung ab Pascelupo ins Valle delle Prigioni: auf Weg Nr. 296 (CAI, rot-weiß) 20 Minuten einfach
- geführte Touren und Wanderungen: *tramontanaguide.com*

Einkehren und Übernachten:

- Le Bighe: Bar und leckere „Pizza al taglio" zum Mitnehmen; Via Flaminia 8/10, 06027 Scheggia
- La Locanda d'Avelle: Pizzeria und Restaurant; Via Fossa Secca, 19, 06021 Costacciaro
- Ostello del Parco: Herberge mit einfachen Zimmern, Selbstverpflegung; Corso Giuseppe Mazzini, 13, 06021 Costacciaro, *tramontanaguide.com/ostello-del-parco*
- B&B di Pascelupo: einfache, aber hübsche Zimmer; Largo Umberto Primo Nr., 1g, 06027 Pascelupo, *sites.google.com/site/bedblapiazzettadipascelupo/*

Websites:

- *parcodelmontecucco.it/it/*
- *umbriatourism.it/de/scheggia-e-pascelupo*

12 Gualdo Tadino

KERAMIK, EMIGRATION UND TIEFE WÄLDER

Das eher unbekannte, kleine Gualdo Tadino liegt am Fuße des Apennin und ist aufgrund seiner Keramikarbeiten, seines ausgefallenen Auswanderungsmuseums und ganz einfach wegen seiner schönen waldreichen Umgebung einen Ausflug wert.

Keramikkachel im Häuserdurchgang

Einst von den Umbrern gegründet erhielt die Stadt unter den Römern im 3. Jahrhundert v. Chr. den Namen „Tadinum". Nach den Goten wurde sie von den Langobarden eingenommen, die wegen ihrer waldreichen Umgebung „Gualdo", Wald, hinzufügten. Sie blickt auf mehrere Jahrtausende voller Zerstörung und Wiederaufbau zurück, zu denen ein verheerendes Erdbeben im Jahr 1751 gehörte. Das Erdbeben von 1997 zerstörte unter anderem viele der Keramikkacheln, die an den Häusern angebracht waren.

Denn bekannt ist Gualdo Tadino neben Deruta, Gubbio oder Orvieto vor allem für seine Keramik. Dieses älteste Kunsthandwerk Umbriens erreichte seinen Höhepunkt im 16. Jahrhundert, als gerade die hiesigen Keramikmeister weithin bekannt waren. Eine Neuerung brachte damals „Mastro Giorgio", der Keramikmeister Giorgio Andreoli aus Gubbio, als er die Technik des „Lustro" einführte (siehe Tipp 9).

Blick auf die Rocca Flea

Einen schönen Eindruck davon geben das Museo della Ceramica sowie das Museo Opificio Rubboli in der Festung Friedrichs II, der Rocca Flea, oberhalb der Stadt. Nachdem die Keramik im Laufe der Jahrhunderte an Bedeutung verloren hatte, stieg Paolo Rubboli mit seiner Frau 1873 in die Herstellung von Lüstermajoliken höchster Qualität ein und verhalf diesem Kunsthandwerk wieder zu neuem Ruhm.

San Francesco

Das Zentrum der Stadt bilden neben der Piazza Martiri della Libertà die Kathedrale von San Benedetto aus dem 13. Jahrhundert sowie die Kirche San Francesco aus dem 14. Jahrhundert. Der „Platz der Befreiungsmärtyrer" wurde benannt nach den Einwohnern der Stadt, die hier im Zweiten Weltkrieg von SS-Truppen hingerichtet wurden.

Das Schicksal der italienischen Auswanderer vom Ende des 19. bis Mitte des 20. Jahrhunderts wird im Museo Regionale dell'Emigrazione Pietro Conti auf anschauliche Weise dokumentiert, da gerade Umbrien und auch Gualdo Tadino viele ihrer Einwohner verloren. Damals verließen 27 Millionen Italiener ihr Land, um der Arbeitslosigkeit und der damit einhergehenden Armut zu entfliehen. Erschwert wurden die Verhältnisse zu jener Zeit durch das System der „Mezzadria", der Leibeigenschaft der Bauern. Ziele waren vor allem die USA und Brasilien, aber auch Länder Europas wie Frankreich oder Luxemburg, wo viele in den Minen Arbeit fanden. Auch Belgien, Deutschland und die Schweiz wurden beliebte Auswanderungsziele.

Auswanderungsmuseum

Nach dem Museumsbesuch bietet sich die Natur in der Umgebung zu einem Ausflug an, allen voran das circa 1000 Meter hoch gelegene Tal Valsorda. Auf zahlreichen Wanderwegen lässt sich die schöne Gegend hier zu Fuß, per Mountainbike oder zu Pferd erkunden. Vor allem im Frühling ist die Blumenpracht beeindruckend. Schafft man es bis auf einen der Gipfel dieser Gegend, so bietet sich ein herrlicher Blick bis hin zum Adriatischen Meer.

Info

Lage: Gualdo Tadino liegt etwa 30 Kilometer südöstlich von Gubbio und 45 Kilometer nordöstlich von Perugia.

Aktivitäten:

- Museo della Ceramica (Casa Cajani): diverse Ausstellungsstücke zur Geschichte der Keramik; Via Imbriani, 06023 Gualdo Tadino, *polomusealegualdotadino.it/museo-della-ceramica*
- Rocca Flea: Festung und Stadtmuseum mit archäologischer Abteilung, Pinakothek und Lüstermajoliken von 1878 bis in die 1960er-Jahre im Museo Opificio Rubboli; Via della Rocca, 06023 Gualdo Tadino, *roccaflea.com*
- Museo Regionale dell'Emigrazione Pietro Conti: Videos und Sammlungsstücke z. B. über die Arbeit in den Bergwerken und die damalige Rolle der Frauen; Palazzo del Podestà, Piazza Soprammuro, Gualdo Tadino, *emigrazione.it*
- Wanderung ab der Rocca Flea zum Eremo di Serrasanta (rotweißer CAI-Wanderweg)
- Wanderung von Gualdo Tadino zum Valsoda; über die Via Valsorda: 7,4 Kilometer
- Traditionelle Keramik: Ceramica Artigianale Gualdese di Anna Gambucci (Via Franco Storelli, 42, 06023 Gualdo Tadino) und Dragoni Ceramiche Laboratorio (Corso Italia 57)
- „I Giochi de le Porte": dreitägige Veranstaltung mit Pferderennen und historischem Umzug, jedes Jahr am letzten Septemberwochenende, *giochideleporte.it*

Einkehren und Übernachten:

- Antico Podere Ferruccio: sehr schön in der Natur, sechs Kilometer von Gualdo Tadino gelegener Agriturismo mit gutem Restaurant und ansprechender Ausstattung; Vocabolo Ferruccio, 21, 06023 Gualdo Tadino, *anticopodereferruccio.com*

Website: *umbriatourism.it/de/gualdo-tadino*

Assisi und das zentrale Umbrien

Blumenschmuck in Spello

Assisi und das zentrale Umbrien

13. Assisi: auf den Spuren der Römer
14. Franziskus und „sein Weg“: von Valfabrica nach Assisi
15. Eremo delle Carceri: mystische Einsiedelei in den Wäldern des Monte Subasio
16. Spello: ein umbrisches Juwel
17. Foligno: in der Mitte der Welt
18. Rasiglia: faszinierender Ort des Wassers
19. Trevi: ein Tag in den Olivenhainen
20. Trüffel: auf der „Jagd“ nach dem teuersten Pilz der Welt
21. Bevagna: Mittelalter „live“ erleben
22. Montefalco: Kirchenmuseum mit herrlichen Fresken
23. Montefalco: auf „Safari“ in den Weinbergen
24. Spoleto: auf Rolltreppen durch die Stadt

Belvedere
Casacastalda
Campodonic
Ponte Pattoli
Morano Osteria
Gaifana-Colle
14
Colombella
Valfabbrica
Porziano
SS3
SS318
Nocera Umbra
Bagnara
13
15
Ponte San Giovanni
Fiume Topino
Bastia Umbra
Assisi
Annifo
Torgiano
Colfiorito
SS75
16
SS77
Cannara
18
ruta
Spello
17
Fiume Topino
Fiume Menotre
21
Fiume Topino
Foligno
Rasiglia
Colle
SS3
Bevagna
22
Fiume Clitunno
20
23
19
Sellan
Montefalco
Bastardo
Trevi
San Terenziano
Vieprì
Campello sul Clitunno
Torrente Marroggia
Massa Martana
24
San Giovanni di Baiano
Nera
Spoleto
0
10 km
Scheggino

13 Assisi

AUF DEN SPUREN DER RÖMER

Obwohl die meisten Touristen nach Assisi kommen, um die berühmte Basilika des heiligen Franziskus zu besuchen, verzaubert die Stadt an den Ausläufern des Monte Subasio auch durch ihre unbekanntere römische Seite.

Die Anfahrt nach Assisi mit seinen mittelalterlichen Gebäuden aus dem rosafarbenen Stein des Monte Subasio ist von Süden kommend besonders beeindruckend. Gerade die imposante Basilica di San Francesco zieht das ganze Augenmerk auf sich, doch die Römer haben lange vor ihrem Bau ihre Spuren hinterlassen. Denn nach ihrer Gründung durch die Umbrer im 6. bis 7. Jahrhundert v. Chr. wurde die Stadt schließlich im 1. Jahrhundert v. Chr. ein römisches Municipium.

Ausgehend von der Piazza Matteotti im oberen Teil der Stadt stößt man an der Via Anfiteatro Romano auf ein ganzes Stadtviertel, dessen Häuser in Ellipsenform um einen Garten herum angeordnet sind. Genau hier befand sich zu römischer Zeit ein großes Amphitheater, dessen Arena Platz für 17.000 Personen bot. Heute sieht man nur noch einen Bruchteil davon, da es in die Gebäude integriert wurde. Ein faszinierendes Beispiel dafür stellt der Spa-Bereich des Fünfsternehotels NUN dar: Während das Amphitheater damals für Wasserschlachten geflutet wurde, entspannen heute Touristen in den Bädern zwischen den Resten von damals – Baden wie im Museum sozusagen!

Blick auf die ehemalige Arena

San Rufino

Unsere Tour folgt nun der Via Porta Perlici durch malerische, mit Blumen geschmückte Straßen bis zur Kathedrale von San Rufino, dem Märtyrer und Patron der Stadt. Nachdem die Römer dort Tempel bauten, wo sie Wasser fanden, lag an dieser Stelle der Tempel der guten Mutter. Denn Wasser war in Assisi schon immer ausreichend vorhanden, da es direkt vom Monte Subasio herunterfließt. Genau wegen dieser Wasservorkommen und der strategischen Lage an der Via Flaminia war das römische „Asisium“ von großer wirtschaftlicher Bedeutung. Heute noch sieht man in der Kathedrale gleich am Eingang links eine römische Wasserzisterne aus dem 2. Jahrhundert v. Chr., die zusätzlich zur Versorgung der Stadt genutzt wurde.

Fontana di San Rufino

Auf dem weiteren Weg nach unten kommt man bald an den Resten einer alten, tiefer gelegten römischen Straße vorbei. Da sie keine Fahrrillen aufweist, muss es sich um eine Prozessionsstraße gehandelt haben.

Blick auf Assisi

Entlang der Via Dono Doni geht es nun zum Platz vor der Kirche Santa Chiara, wo die Weggefährtin von Franziskus und Gründerin des Klarissenordens begraben ist. Hier bietet sich ein wunderschöner Blick über Stadt und Land.

Santa Chiara

Unterhalb liegen etwas versteckt die „Domus romanae", zwei römische Privathäuser aus dem 1. Jahrhundert v. Chr. Das „Domus del Larario" unter dem Palazzo Giampè wurde erst 2001 entdeckt und birgt mehrere Räume mit aufwendigen Malereien. Es ist nach einem dort gefundenen Terrakottaschrein für den Schutzgott des Hauses benannt. Unter der Kirche Santa Maria Maggiore liegt das sehr gut erhaltene Haus des römischen Poeten Sextus Propertius, das „Domus di Properzio", mit schönen Fresken und Bodenfliesen.

Erreicht man die Piazza del Comune, so fällt sofort der Tempel der Minerva mit seinen wuchtigen Säulen auf, da er zwischen die mittelalterlichen Paläste hineingezwängt wirkt. Genau unter dem Platz befand sich das römische Forum, was man an weißen Streifen im Straßenpflaster erkennen kann. Besichtigen kann man es zusammen mit der archäologischen Sammlung des Museo Civico in der ehemaligen Krypta der Kirche San Nicolò. Hier sind Ausgrabungsstücke wie Sarkophage oder das Podium zu sehen, von dem aus die Richter ihre Urteile fällten.

Santa Maria sopra Minerva

Der damalige Tempel ist heute eine barocke Kirche, die Chiesa di Santa Maria sopra Minerva. Interessanterweise wurden innen Wandfarben aus der Römerzeit übernommen. Sehr angetan von dieser Kirche zeigte sich bereits Goethe auf seiner „Italienischen Reise" im 18. Jahrhundert.

Nun kann man diese römische Tour in einer der netten Bars auf der Piazza del Comune ausklingen lassen oder den Rückweg über die Via S. Gabriele dell'Addolorata antreten. Dort führt ein Lift nach oben in eine „Via tecta", einen Durchgang, der früher von den Gladiatoren benutzt wurde. Er verband das Amphitheater mit deren Kaserne in der Nähe des Doms von San Rufino. Heraus kommt man an der Piazza Matteotti.

Info

Lage: Assisi liegt gut 25 Kilometer südöstlich von Perugia. Parkplatz an der Piazza Matteotti, Bus Linea C ab dem Bahnhof

Aktivitäten:

- Stadtführung: Sehr gut informiert ist die italienisch- und deutschsprachige Stadtführerin Catia Melani. Buchung unter *catia.melani@gmail.com*
- Hotel NUN: Spa-Bereich auf Anfrage kurz zu besichtigen; Via Eremo delle Carceri, 1A, 06081 Assisi, *nunassisi.com*
- Domus del Lararium und Domus di Properzio: Buchung über Ufficio turismo (Piazza del Comune, neben der Minervakirche, *info@iat.assisi.pg.it*); Via Sant'Antonio 5/3, 06081 Assisi
- Museo Civico e Foro Romano: Via Portica, 2, 06081 Assisi, *visit-assisi.it/monumenti-e-luoghi-dinteresse-2/musei/foro-romano-e-museo-archeologico*
- Calendimaggio: mittelalterlicher Wettbewerb zwischen der oberen und unteren Stadt, jedes Jahr Anfang Mai; *calendimaggiodiassisi.com*
- Markt: Samstagvormittag zwischen Santa Chiara und Porta Nuova

Einkehren und Übernachten:

- Hotel und Ristorante La Rocca: schöne Terrasse mit Blick auf die Festung; Via Porta Perlici, 27, 06081Assisi, *hotelarocca.it*
- Trattoria da Erminio: umbrische Spezialitäten; Via Montecavallo, 19, 06081 Assisi, *trattoriadaerminio.it/ingresso.htm*
- Poggio degli Olivi : Agriturismo in herrlicher Panoramalage 17 Kilometer von Assisi. Ideal als Ausgangspunkt für das zentrale Umbrien, exzellentes Restaurant mit hauseigenem Olivenöl; Via Montebalacca, 06080 Passaggio di Bettona, *poggiodegliolivi.com*

Website: *umbriatourism.it/de/-/die-stadt-assisi*

14 Franziskus und „sein Weg“

VON VALFABBRICA NACH ASSISI

Der Franziskusweg führt entlang der Wirkungsstätten des Heiligen quer durch Umbrien. Gerade zwischen Valfabbrica und Assisi eröffnen sich herrliche Ausblicke, besonders wenn die berühmte Basilika auftaucht. Wer nicht wandern will, kann diese Gegend auch mit dem Fahrrad oder dem Auto entdecken.

Bereits im Mittelalter zogen sich Pilgerwege quer durch Europa. Die Via Francigena ist neben dem Jakobsweg der wohl bekannteste historische Wanderweg und führt von Canterbury nach Rom. Nach dem Tod von Franziskus im Jahr 1226 begannen die Pilger von diesem abzuzweigen, um dem Heiligen dort nahe zu sein, wo er gelebt und gewirkt hatte.

Der heutige Franziskusweg, die Via di Francesco, ist kein historischer Pilgerweg und gehört offiziell nicht zur Via Francigena. Er beginnt in La Verna in der Toskana, wo der Heilige seine Wundmale empfing, und führt 270 Kilometer lang durch Umbrien, vorbei an Orten wie Gubbio, wo er den Wolf zähmte, über Assisi bis nach Rom. Neben kulturellen Höhepunkten und idyllisch gelegenen Einsiedeleien warten ursprüngliche Landschaften und Abgeschiedenheit. Es geht auf Feld- oder Waldwegen sowie kleinen Nebenstraßen durch die Hügel Umbriens, mal bergauf, mal bergab.

Die circa 13 Kilometer zwischen dem hübschen Ort Valfabbrica und Assisi sind der meist begangene und wohl schönste Streckenabschnitt. Hier bieten sich intensive Naturerlebnisse, fantastische Ausblicke und als krönender Abschluss Assisi mit der berühmten Basilica di San Francesco.

Trinkwasserbrunnen am Wegesrand

Der Weg beginnt entlang der Straße nach Assisi und führt erst aus dem Ort hinaus, bevor man rechts abbiegt in das tiefe Grün der Macchia. Vorbei an einem Trinkwasserbrunnen folgt man nun stets den Schildern mit dem gelben Tau-Zeichen sowie der gelb-blauen Franziskusweg-Markierung. Das Tau gehört zum hebräischen und griechischen Alphabet und wurde häufig von

Beschilderung am Franziskusweg

Franziskus verwendet. Es ist das Symbol der franziskanischen Familie und steht für Frieden und Erlösung.

Man kann den Franziskusweg zu Fuß, zu Pferd und zum Teil mit dem Fahrrad erleben. Radfahrer sollten der Teerstraße weiter folgen und von hier das Panorama genießen. Am Ende bietet sich ein spektakulärer Blick auf die Basilika in Assisi. Diese Alternative ist auch für Autofahrer geeignet.

Zu Fuß ist die Basilika erst nach einiger Zeit genau dort zu sehen, wo Pilger zur Markierung Steine ablegen. Besonders schön ist die Wanderung im Frühjahr, wenn überall der Ginster blüht. Im Sommer kann es sehr heiß werden, da man viel in der Sonne läuft.

Ausblicke vom Weg

Steinhaufen beim ersten Blick auf die Basilika

Umso willkommener ist der Trinkwasserbrunnen am Besucherzentrum des Umweltschutzverbandes FAI samt kleiner Kapelle und netter Osteria am Bosco Di San Francesco, einem wunderschönen Wald kurz vor Assisi.

Wer noch Energie hat, sollte von dort dem Fluss in ein uriges Tal bis zu einem beeindruckenden Talkessel auf der Rückseite der Festung von Assisi folgen. Hier befindet sich das „Terzo Paradiso", eine Landart-Installation mit Olivenbäumen des zeitgenössischen Künstlers Michelangelo Pistoletto.

Noch ein letzter Anstieg, dann hat man Assisi erreicht, wo der Höhepunkt aller Umbrienreisen wartet: die Besichtigung der Basilica di San Francesco. In der Unterkirche liegt Franziskus begraben, in der Oberkirche beeindruckt der Freskenzyklus von Cimabue und seinem Lehrling Giotto, der das Leben des Heiligen sowie Szenen aus der Bibel großflächig und in einer für damals neuen, realistischeren Bildgestaltung darstellt. Nach einem starken Erdbeben 1997 wurde alles wieder perfekt restauriert.

Blick auf das „Terzo Paradiso"

Im Pilgerbüro neben der Kirche, dem Statio Peregrinorum, kann sich jeder, der die letzten 75 Kilometer bis Assisi zu Fuß oder 150 Kilometer mit Fahrrad oder Pferd geschafft hat, das „Testimonium Viae Francisci" abholen. Als Nachweis gelten die Stempel, die man unterwegs in der „Credenziale", dem Pilgerausweis, eingetragen hat. Wird man von seinen Hund begleitet, so erhält dieser sogar eine eigene Urkunde!

Mit dem Bau der Basilika wurde kurz nach dem Tod von Franziskus begonnen, der 1181/1182 als Sohn eines reichen Kaufmanns in Assisi zur Welt kam. Nach seiner Kriegsgefangenschaft und Krankheit durchlebte er eine Sinnkrise. Er verschenkte seinen Besitz und wanderte durchs Land, um Gott in der Natur zu erleben sowie den Armen und Kranken zu helfen. Immer größer wurde seine Anhängerschaft, er gründete den Franziskanerorden.

Franziskus ist heute der Schutzpatron Italiens und der Patron des Umweltschutzes.

Info

Lage: Valfabbrica liegt etwa 25 Kilometer östlich von Perugia.

Aktivitäten:

- Via di Francesco: Die Wanderstrecke Valfabbrica – Assisi ist 13,5 Kilometer lang, geht 660 Meter bergauf und 590 Meter bergab. Feldweg und Teerstraße wechseln sich ab; *viadifrancesco.it/de*
- Sehr gute Hintergrundinformationen erhält man von der Stadt- und Wanderführerin Morena Mortaro. Sie spricht sehr gut Deutsch und ist buchbar unter *morenamortaro75@gmail.com*.
- Bosco di San Francesco: am Wochenende überlaufen! *fondoambiente.it/luoghi/bosco-di-san-francesco*
- „Il Terzo Paradiso": Zu Fuß ab Informationszentrum, *viaggiareinumbria.com/terzo-paradiso-ad-assisi*
- Basilica di San Francesco: Piazza San Francesco, 2, 06081 Assisi, *sanfrancescoassisi.org*

Einkehren und Übernachten:

Auf dem gesamten Franziskusweg gibt es nur wenige Pilgerherbergen: Bars und Restaurants findet man nur in den Ortschaften, ansonsten gilt Selbstverpflegung!

- Bar della Fontana: typische Bar auf hübscher Piazza; Piazza Giuseppe Mazzini, 10, 06029 Valfabbrica
- Osteria del Mulino: idyllisch gelegenes, uriges Lokal; Via Ponte dei Galli, Bosco di San Francesco, 06081 Assisi
- Locanda Francescana: Pilgerherberge in einem historischen Gebäude im Ort Valfabbrica; Via Piave 3, 06029 Valfabbrica, *ostello-francescano.italia-centro.it*

Website: *viadifrancesco.it/de*

HINWEIS: Valfabbrica ist öffentlich zu erreichen mit Busitalia Nord, Linie E 0002 ab Perugia in 50 Minuten; *fsbusitalia.itb*

15 Eremo delle Carceri

MYSTISCHE EINSIEDELEI IN DEN WÄLDERN DES MONTE SUBASIO

Nicht nur die Spiritualität des heiligen Franziskus, sondern auch die mystische Seite Umbriens kann man in dieser Einsiedelei nahe Assisi inmitten dichter Steineichenwälder erahnen. Das unbeschreibliche Naturerlebnis lässt sich fortsetzen, wenn man zusätzlich den Monte Subasio erwandert oder hinauffährt.

Kloster Eremo delle Carceri

Eremo delle Carceri, wörtlich übersetzt die „Einsiedelei der Kerker", verdankt ihren Namen der Zeit, in der der heilige Franziskus mit seinen Anhängern zum Beten und Meditieren die Hänge am Monte Subasio aufsuchte. In seinen tiefen Wäldern fanden sie natürliche Grotten, in die sie sich zurückziehen konnten. Unter „Carceri" sind also eher diese „Rückzugsorte" zu verstehen.

„Idyllisch gelegen" ist genau der passende Ausdruck für das kleine, in den Fels integrierte Kloster mit Kapelle, Kirche, Refektorium und Schlafsaal. Hier oben auf circa 800 Meter Höhe ist man weit weg von allem, sodass die Magie dieser Einsiedelei sicher auch nicht religiöse Besucher erreicht.

Kapelle von Santa Maria Maddalena

Während die heutigen Gebäude hauptsächlich im 15. Jahrhundert entstanden, wurde das kleine Oratorium in der heutigen Kirche von Santa Maria bereits von Franziskus und seinen Anhängern im 13. Jahrhundert zum Gebet aufgesucht. Wie die Grotten als Schlafstätten genutzt wurden, lässt sich in der „Grotta di San Francesco" gut vorstellen. Sie ist so eng, dass man sie auf dem Rundweg durch das Kloster gebückt und nur einzeln betreten kann.

Der kleine Kreuzgang mit dem weiten Blick hinunter nach Assisi und

Kreuzgang

über das Valle Umbra ist ein schönes Beispiel für einige Franziskanerklöster, die ab dem 13. Jahrhundert – anders als bisherige Klöster - auf einer Seite nicht von Mauern umschlossen sind. Denn Franziskus wollte offen für die Welt sein, um die Menschen in ihrer Armut oder Krankheit zu sehen und ihnen zu helfen. Auch die wenig bekannten Konvente von Sacro Speco bei Narni oder Santissima Annunziata bei Amelia weisen offene Kreuzgänge auf und bieten weite Blicke über das Land.

Die natürlichen Grotten, in denen die Mitbrüder des Heiligen, wie zum Beispiel Frate Leone, beteten, lassen sich auf Kieswegen im Wald erreichen. Während kaum Sonnenlicht durch die Blätter der alten Steineichen fällt, ist ein Spaziergang hier gerade an heißen Sommertagen sehr erholsam. Man kommt vorbei an einer jahrhundertealten, inzwischen leider beschädigten Steineiche, an der Franziskus eine seiner Predigten zu den Vögeln gehalten haben soll.

Die Steineiche aus der Zeit von Franziskus

In seinem „Cantico delle Creature", dem Sonnengesang, beschreibt er die Natur mit ihren Geschöpfen sowie den Himmel und die Sterne als Spiegelbild ihres Schöpfers. Darauf weisen die Bronzestatuen im Wald hin, die ebenfalls auf dem Weg liegen.

Tau-Altar

Anschließend gelangt man zu einem Altar in der Form des Tau, dem Buchstaben aus dem hebräischen und griechischen Alphabet, der für Franziskus zum Symbol des Friedens und der Erlösung wurde.

Ab hier kann man verschiedenen Wanderwegen folgen und weiter diesen außergewöhnlichen Wald genießen. Oder außerhalb des Konvents dem Franziskusweg steil hinunter bis nach Assisi folgen, hoch hinauf auf den 1290 Meter hohen Monte Subasio oder nach Collepino und Spello wandern. Wem die ganze Tour zu Fuß zu lang ist und wer kein „echtes" Abenteuer mit dem Auto scheut, der kann über den Berg fahren. Die Straße ist

Blick vom Monte Subasio

schon bald nicht mehr asphaltiert und die Schlaglöcher suchen ihresgleichen. Doch auch wenn sich der Monte Subasio mit dem Wagen nur sehr langsam befahren lässt, ist es den Aufwand wert: Das Panorama ist umwerfend schön und reicht bei gutem Wetter bis in die Abruzzen!

Collepino

Vorbei am Startplatz der Gleitschirmflieger gelangt man – wieder auf asphaltierter Straße – auf der anderen Seite des kahlen Gipfels hinunter zum urigen Bergdorf Collepino mit einem schattigen Picknickplatz samt Trinkwasserbrunnen. Wem mehr nach anderen Getränken ist, der wird in der netten Bar im Ortskern fündig. Hier treffen sich sowohl Wanderer als auch Autofahrer, die das Abenteuer des Monte Subasio auf die eine oder andere Weise erlebt haben.

Über mehrere Serpentinen und durch einen schönen Wald windet sich die Straße anschließend hinunter bis nach Spello.

Info

Lage: Das Santuario Eremo delle Carceri liegt auf 800 Meter Höhe etwa vier Kilometer von Assisi.

Adresse: Via Eremo delle Carceri, 38, 06081 Assisi

Aktivitäten:

- Wanderung nach Assisi: Wegweiser „Via di Francesco" circa drei Kilometer steil hinunter durch die Porta Cappuccini bis Piazza Matteotti
- Wanderung auf den Monte Subasio: rotem Wegweiser Richtung Aussichtspunkt Sasso Piano folgen, circa eine Stunde, Aufstieg bis Observatorium auf Gipfel (1290 Meter) ab hier möglich
- Wanderung über Collepino nach Spello: rotem Wegweiser folgen, zuletzt schöne Ausblicke auf Spello und entlang eines etwas versteckten römischen Aquädukts, gesamt circa 4,5 Stunden

Einkehren und Übernachten:

- Bar La Locanda: nette kleine Bar mit wenigen Tischen; Via S. Silvestro, 17, 06038 Collepino
- Taverna San Silvestro: einziges Restaurant im Ort, gutes Essen in altem Gewölbe; Via S. Silvestro, 06038 Collepino
- Kloster Eremo delle Carceri: Geistliche, Priester und Seminaristen können in den Originalzellen aus dem 15. Jahrhundert, kleine Gruppen nach Anmeldung im Gästehaus übernachten; *santuarioeremodellecarceri.org/accoglienza.html*
- Le Silve di Armenzano Natural Resort: Luxus inmitten wunderschöner Natur in einer ehemaligen Herberge aus dem 13. Jahrhundert; acht Kilometer ab Collepino (Wegweiser), Località Armenzano, 89, 06081 Assisi, *lesilve.it*

Website: *santuarioeremodellecarceri.org*

16 Spello

EIN UMBRISCHES JUWEL

Nicht nur während der Infiorata wandelt man in Spello zwischen Blüten: Mit üppiger Blumendekoration an Hauseingängen und Treppen versuchen sich die Einwohner von Mai bis August gegenseitig zu überbieten. Voller Stolz weisen sie sogar auf Auszeichnungen in der Kategorie „Blumengeschmückte Fenster, Balkone und Gassen“ hin.

Blumenteppich

Die Infiorata, das „Fest der Blumenverzierungen" verwandelt Spello alljährlich in ein Blumenmeer. Die Tradition, aus unzähligen Blütenblättern Bilder auf die Straßen zu zaubern, geht zurück auf das 17. Jahrhundert und wird in ganz Italien gelebt. Am bekanntesten sind die Feiern in Noto auf Sizilien, in Genzano bei Rom sowie im umbrischen Spello. Wer nicht an der Prozession am Sonntag nach Corpus Domini, dem italienischen Fronleichnam, teilnehmen will, hat auch danach noch Gelegenheit, die riesigen Blumenteppiche auf den Straßen der Altstadt zu bewundern.

Doch sehenswert ist das reizende Städtchen an den Hängen des Monte Subasio, das zur Vereinigung „Borghi più belli d'Italia" gehört, das ganze Jahr lang.

Spello lässt sich gut zu Fuß vom Bahnhof oder vom Parkplatz neben dem Museum der Villa dei Mosaici entdecken. Einen Stadtplan erhält man dort bei der kompetenten Touristeninformation. Der Besuch dieser römischen Villa mit ihren beeindruckenden Mosaiken aus dem 1. bis 3. Jahrhundert n. Chr. ist sehr lohnenswert. Denn

Blick auf Spello

Triclinium

das 2018 eröffnete Museum lässt den Besucher dank Videorekonstruktionen direkt in die Zeit des römischen Reichs eintauchen, nachdem das ursprünglich umbrische Spello im 1. Jahrhundert v. Chr. zur Kolonie Julia Hispellum geworden war. 2005 wurde rein zufällig während der Arbeiten an einem Parkplatz ein römisches Mosaik zutage befördert. Nach und nach kam immer mehr zum Vorschein. Heute kann man die Reste der Villa auf einer Fläche von 360 Quadratmetern besichtigen. Besonders beeindruckend ist das Triclinium, benannt nach dem Sofa, auf dem im antiken Griechenland sowie im Römischen Reich das Essen eingenommen wurde. Die Mosaiken dieses Bankettsaals zeigen Szenen rund um Bacchus und die Weinernte sowie allerlei Getier.

Porta Consolare

Von den Römern stammt auch die Porta Consolare, eines der drei Stadttore, die beim Betreten der Altstadt sofort ins Auge fällt. Interessant ist der Olivenbaum auf dem mittelalterlichen Turm daneben, der auf die Olivenölproduktion in dieser Gegend hinweist.

Malerische Gassen

Bevor man sich vollends in den malerischen Gassen mit ihren Restaurants, Weinstuben und kleinen Geschäften verliert, sollte man sich Zeit für die Kirche Santa Maria Maggiore nehmen. Die Cappella Baglioni birgt ein Kleinod der Renaissance: Der berühmte umbrische Maler Pinturicchio stattete 1501 die gesamte Kapelle mit farbenprächtigen Fresken aus und stellte drei Szenen aus dem neuen Testament vor einer Landschaft oder klassischen Bauten naturgetreu dar. Neben vielen Details und dem Selbstporträt des Malers an der linken Seite lohnt ein Blick auf den Fußboden mit Keramikfliesen aus Deruta, dem umbrischen Zentrum der Keramikproduktion. Mehr von Pinturicchio gibt es in der Kirche von Sant'Andrea ein paar Häuser weiter zu sehen.

Dann führen die Straßen immer weiter nach oben bis zum Aussichtspunkt Belvedere, wo ein weiter Blick auf das Tal des Valle Umbra wartet. Während die Reste des unterhalb gelegenen römischen Amphitheaters kaum zu erkennen sind, ist der römische Bogen Arco dell'Arce hier oben noch intakt.

Kunst am Belvedere und Arco dell'Arce

Wer Zeit hat, kann ab hier in circa zehn Minuten zu den Überresten eines römischen Aquädukts, dem „Acquedotto romano" laufen: Durch das römische Stadttor Porta Montanara folgt man der Via Bulgarello zu einem Trinkwasserbrunnen, wo man den Beginn des Aquädukts erkennen kann.

Weg entlang des Aquädukts

Blick zurück auf Spello

Hier beginnt eine längere Wanderung entlang der Straße in Richtung Collepino. Der ausgeschilderte Weg zieht sich wunderschön an den Ausläufern des Monte Subasio entlang und bietet herrliche Ausblicke zurück auf Spello.

Eine Zeitlang geht es am Aquädukt entlang, das nur als Steinmauer zwischen den Olivenhainen erkennbar ist. Nach sieben Kilometern erreicht man über einen steilen Anstieg den hoch oben gelegenen Ort Collepino.

Wer lieber wieder zurück durch die Stadt geht, sollte das Sträßchen entlang der Stadtmauer nehmen, das einen Blick auf die Torri del Properzio mit der Porta Venere ermöglicht.

Info

Lage: Spello liegt sechs Kilometer von Foligno und etwa 30 Kilometer von Perugia.

Aktivitäten:

- Villa dei Mosaici: Via Paolina Schicchi Fagotti, 7, 06038 Spello, *villadeimosaicidispello.it*
- Cappella Baglioni : Chiesa di Santa Maria Maggiore, Piazza Giacomo Matteotti, 18, 06038 Spello, *museionline.info/comuni/collegiata-di-santa-maria-maggiore-spello*
- L'Infiorata del corpus domini: Blumenfest am Sonntag nach Fronleichnam: *infiorataspello.it*
- Radtour Spello – Assisi entlang der Via degli Ulivi: 24 Kilometer hin und zurück, Straße ohne Verkehr, fantastisches Panorama; *umbriatourism.it/it/-/strada-06-da-spello-ad-assisi-sulla-via-degli-ulivi*
- Markt: Donnerstagvormittag hinter der Piazza J. F. Kennedy mit Porchetta-Stand
- Wein, Olivenöl und Trüffelspezialitäten in den kleinen Geschäften im Zentrum der Altstadt; Spello liegt auf der Weinstraße „Strada del Sagrantino", *stradadelsagrantino.it*
- Hochwertiges Olivenöl in der Ölmühle „Il frantoio di Spello" außerhalb des Ortes: Via Branche, 1/B, 06038 Spello, *frantoiodispello.it*

Einkehren und Übernachten:

- Bar Giardino Bonci: Kaffee, Eis und Aperitivi in einem großen Garten mit herrlicher Aussicht; Via Giuseppe Garibaldi, 10/12, 06038 Spello
- La Cantina di Spello: Restaurant in schönem, alten Gewölbe; Via Cavour, 2, 06038 Spello, *lacantinadispello.com*
- La Bastiglia: Romantik-Hotel mit Restaurant, Via Salnitraria, 15, 06038 Spello, *labastiglia.com*

Website: *umbriatourism.it/de/-/spello-eine-der-schnsten-stdte-italiens*

17 Foligno

IN DER MITTE DER WELT

Das Zentrum Folignos ist geprägt von Renaissance-Palästen und lädt zum Eintauchen in das „modernere“ italienische Leben mit netten Bars, Restaurants und Geschäften ein. Außerdem ist die Stadt ein guter Ausgangspunkt für das interessante Umland.

Wer in einer Stadt, aber weder im bekannten Assisi oder Perugia noch in einem hoch gelegenen mittelalterlichen „Borgo" übernachten möchte, der findet in Foligno eine gute Alternative. Mitten im Valle Umbra gelegen, bietet das Umland wahre Schätze. Einst römisches Handelszentrum an der Via Flaminia, ist das Zentrum von „Palazzi" der Renaissance gekennzeichnet.

Die „Folignati", die Einwohner Folignos, behaupten gerne, dass sie im Zentrum der Welt leben: Früher lag in der Einkaufsstraße, dem Corso Cavour, gegenüber den Arkaden des Ospedale Vecchio eine Bar, in der man seine Billardkugel angeblich genau im Zentrum der Welt verschwinden lassen konnte. Man musste nur das richtige Loch treffen!

Ospedale Vecchio und Corso Cavour

Stolz sind die Bewohner auch auf die Tatsache, dass das erste Buch in italienischer Sprache, die „Göttliche Komödie" von Dante Alighieri 1472 von einem Schüler Gutenbergs, Johannes Neumeister, hier gedruckt wurde. 2022 wurde eigens das „Museo della Stampa" eingerichtet, wo man mehr über die Geschichte der Papierherstellung und des Drucks vom 15. Jahrhundert bis heute erfahren kann. Immerhin waren im 16. Jahrhundert die Zeitungen aus Foligno in ganz Italien bekannt.

Cattedrale di San Feliciano

Herz des Zentrums innerhalb der Stadtmauern ist die Piazza della Repubblica mit dem imposanten Palazzo del Podestà, dem Palazzo delle Canoniche, der Kathedrale von San Feliciano sowie dem Palazzo Trinci. Die Familie Trinci herrschte von 1305 bis 1439 über mehrere Städte wie Bevagna, Montefalco, Trevi und eben Foligno, wo sie damals lebte. Der Palazzo wurde von Ugolino Trinci, einem Anhänger des Papstes, auf bereits bestehenden Bauten renoviert, während die Fassade erst im 19. Jahrhundert hinzukam. Die Gemächer der Trinci mit monumentalen Fresken aus dem 15. Jahrhundert von Gentile da Fabriano können ebenso besichtigt werden wie das dortige archäologische Museum und die Pinakothek.

Palazzo del Podestà

Leicht zu übersehen ist ein bronzenes Tuch, das auf der Piazza della Repubblica an einer Wand gegenüber des Palazzo del Podestà hängt. An dieser Stelle soll der heilige Franziskus seine Kleidung und sein Pferd verkauft haben, um im 13. Jahrhundert die Kirche von San Damiano bei Assisi zu renovieren.

Auch moderne Kunst findet sich in unmittelbarer Nähe der Piazza della Repubblica: eine Statue des berühmten Architekten aus Foligno Giuseppe Piermarini, der die Mailänder Scala entwarf, und die „Fontana delle Tartarughe".

Statue Piermarini

Liebevoll „Schildkrötenbrunnen" genannt, erinnert er an die Bomben, die im Zweiten Weltkrieg Foligno als Standort der Flugzeugindustrie schwer trafen.

Ein skurriles Beispiel moderner Kunst ist die Skulptur der Calamita Cosmica, einem riesigen liegenden Skelett mit Vogelschnabel des Künstlers Gino De Domenicis aus dem Jahr 1988. Es ist Teil des Museums für zeitgenössische Kunst in der entweihten Kirche von Santissima Annunziata.

Hat man ein Auto zur Verfügung, so empfiehlt sich unbedingt die Fahrt von Foligno hoch zur idyllisch im Wald gelegenen Abbazia di Santa Croce, auch Abtei von Sassovivo genannt. Sie wurde ab dem 11. Jahrhundert von Benediktinermönchen erbaut und besitzt einen einzigartigen romanischen Marmor-Kreuzgang, der eine wunderbare Ruhe ausstrahlt. Heute leben hier die „Kleinen Brüder und Schwestern" der Gemeinschaft Jesus Caritas. Schön ist die kurze Wanderung durch dichte Steineichenwälder hinunter zu den Quellen „Fontanelle di Sassovivo".

Abbazia di Sassovivo

Eremo di Santa Maria Giacobbe

Aufstieg zum Eremo

Ebenfalls nicht verpassen sollte man Pale und den hoch oben im Felsen gelegenen Eremo di Santa Maria Giacobbe, dessen Kirchlein um das Jahr 1200 erbaut wurde. Im nahe gelegenen Ort Pale befanden sich im 13. Jahrhundert einige der ältesten Papiermühlen Italiens, wovon heute noch die Wasserläufe zeugen. Neben dem Besuch einer Grotte ist gerade die steile Wanderung hinauf zur Einsiedelei spektakulär. Auf einem Rundweg geht es noch zu den Menotre-Wasserfällen.

Wer noch Zeit hat, kann weiter in den Regionalpark Colfiorito fahren, wo vor allem im Frühjahr herrliche Blumenwiesen und Wanderwege auf einer Hochebene warten. Die Gegend ist außerdem reich an archäologischem Material, sodass im Ort das MAC, ein archäologisches Museum, eingerichtet wurde.

Info

Lage: Foligno liegt 17 Kilometer südlich von Assisi und 38 Kilometer von Perugia.

Aktivitäten:

- Palazzo Trinci: Piazza della Repubblica, 25, 06034 Foligno, *www.museifoligno.it/i-musei/palazzo-trinci*
- Museo della Stampa: Via Pertichetti, 06034 Foligno, *www.museifoligno.it/i-musei/museo-della-stampa*
- La Calamita Cosmica: Museum Centro Italiano Arte Contemporanea di Foligno, Via Garibaldi, 153, 06034 Foligno,
  calamitacosmica.it
- Abbazia di Sassovivo: Via Sassovivo 2, 06034 Foligno, *museionline.info/tipologie-museo/abbazia-di-sassovivo*
- Eremo di Santa Maria Giacobbe: Besichtigung nur mit Anmeldung; Località Pale, 06034 Fogliono, *paledifoligno.it/tours/eremo-di-santa-maria-giacobbe*
- MAC, Museo Archeologico Colfiorito: Via Plestia, 06034 Colfiorito, *www.museifoligno.it/i-musei/museo-archeologico-colfiorito-mac*
- Giostra della Quintana: Jährlich im Juni und September treten die zehn Stadtviertel gegeneinander an. Infos über die Geschichte: Museo della Quintana, Palazzo Candiotti, Largo F. Frezzi, 4, 06034 Foligno, *quintana.it*

Einkehren und Übernachten:

- Ristorante MeTeMagno: sehr gute Küche; Piazza Don Giovanni Minzoni, 1-3, Via Antonio Gramsci, 24, 06034 Foligno, *metemagno.it*
- Ristorante/Bar Valmenotre: Porchetta und mehr, Verkauf von Öl, Pasta etc; SS77 Ponte Santa Lucia, 46, 06034 Ponte Santa Lucia (bei Pale), *caffemodarinaldimagazine.com/valmenotre-gastronomia*
- Casa vacanze Nonna Tina: sehr zentrales und nettes Apartment, hilfsbereite Vermieterin; Via Pertichett, 23, 06034 Foligno, Lucia Leon, *arqlleon@gmail.com*

Website: *umbriatourism.it/de/foligno*

18 Rasiglia

FASZINIERENDER ORT DES WASSERS

Abseits der bekannten Touristenziele, inmitten von dichten Wäldern, liegt der mittelalterliche Ort Rasiglia, in dem das Rauschen des Wassers alles übertönt. In zahlreichen Kanälen und Wasserfällen fließt glasklares Quellwasser aus dem Fluss Menotre entlang der Gassen, wo früher Getreidemühlen liefen und das Wasser Webstühle antrieb.

Berühmt wurde das kleine Rasiglia wegen der Quellen in seiner Umgebung. Sie speisen die Bäche, die über Schleusen und Kanäle mitten durch den Ort fließen. Das Wasser wurde aufgrund der wenigen natürlichen Ressourcen bereits vor Jahrhunderten genutzt, um Stoffe herzustellen oder zu färben. In den ehemaligen Werkstätten kann man Originalwebstühle und Werkzeug aus dem 20. Jahrhundert besichtigen und vor Ort eine kleine Führung buchen. Wie es damals hier aussah, zeigen auch großflächige Schwarz-Weiß-Fotografien, die an diversen Gebäuden angebracht sind. Und über dem Ort thronen die Reste eines „Castello", einer ehemaligen Residenz der Familie Trinci aus Foligno.

Wasserfall im Ort

Wasser aus der Quelle Capovena

Es ist dem unermüdlichen Einsatz der nur 50 Einwohner des Ortes zu verdanken, dass nach dem schweren Erdbeben 1997 alles wieder aufgebaut und in eine Art Freilichtmuseum verwandelt wurde. Erst seit einigen Jahren kommen die Touristen, allen voran Italiener, nachdem es sich herumgesprochen hatte, wie das allgegenwärtige Wasser den Ort zu einer Art „Venedig Umbriens" macht.

Ein Spaziergang durch den 600 Meter hoch gelegenen Ort führt auch vorbei an einer alten Steinmühle aus dem 14. Jahrhundert sowie an kleinen Geschäften mit selbst gefertigten Holz- oder Lederwaren.

Kanal im Ort

Um an die alte Tradition des Webens zu erinnern, die den Ort einst reich machte, findet alljährlich die Veranstaltung „Penelope in Rasiglia" statt. Denn in der ersten Hälfte des 17. Jahrhunderts entwickelten sich Handwerkstätten zur Textilverarbeitung, die die Wasserkraft zum Betreiben der Webstühle nutzten. Die hiesigen Gebäude aus Stein waren einst Getreidemühlen, Wollwebereien und Färbereien, die Mitte des 20. Jahrhunderts nach Foligno umzogen. Mit dem Reichtum war es somit zu Ende, weshalb nun versucht wird, den Ort durch den Tourismus wiederzubeleben.

Historischer Webstuhl

Es ist ein ganz besonderes Erlebnis, während der Weihnachtszeit die „lebende Krippe" mit Ochs, Esel und Schafen in dem sehr suggestiven Ambiente von Rasiglia zu erleben. Außerdem wird das Leben des beginnenden 20. Jahrhunderts dargestellt, wenn die Einwohner in traditioneller Kleidung ihre Handwerkskünste jedes Jahr am 26. Dezember und 6. Januar vorführen.

Wollverarbeitung in Rasiglia

Lage: Rasiglia liegt 18 Kilometer von Foligno Zentrum.

Aktivitäten:

- Penelope in Rasiglia: Handwerkskunst, Musik und diverse Veranstaltungen, jährlich zwei Tage im Juni; *umbriatourism.it/de/-/penelope-a-rasiglia-con-le-rose*
- Lebende Krippe „Presepe vivente": am 26. Dezember und 6. Januar ab 16 Uhr

Einkehren und Übernachten:

- La Torretta: kleine Bar im Herzen von Rasiglia; Via San Macario, 1, 06034 Rasiglia
- Residence Menotre: Ferienwohnungen in einem ehemaligen Turm aus dem 15. Jahrhundert. Die Besitzer organisieren Führungen zur Webkunst in Rasiglia; Via del Bosco, 06034 Rasiglia, *sanpotente.it*

Website: *rasigliaelesuesorgenti.com*

19 Trevi

EIN TAG IN DEN OLIVENHAINEN

Die Hügel des Valle Umbra zwischen Assisi und Spoleto sind ganzjährig überzogen von einem silbrig-grünem Band aus Olivenbäumen. Hier kann man in herrlicher Natur wandern, Rad fahren oder Olivenöl probieren und kaufen. Mittendrin liegt weithin sichtbar auf einem Hügel die Stadt Trevi.

Trevi gehört zur Vereinigung „Borghi più belli d'Italia" und ist eine der wichtigsten Städte Umbriens in puncto Olivenölgewinnung.

Denn dem Olivenöl kann und sollte man hier nicht aus dem Weg gehen, sondern es unbedingt in einer der Ölmühlen probieren oder kaufen. Vor allem im Herbst kann man direkt bei der Verarbeitung zusehen, wenn die „Frantoi" ihre Türen für Verkostungen und Führungen öffnen. Die Vereinigung der Ölmühlen „Frantoi aperti" organisiert auch diverse Aktivitäten wie Wanderungen. Die bekanntesten Betriebe rund um Trevi sind Marfuga und Gaudenzi. Letzterer verkauft auch in einem Geschäft in Trevi.

Olivenhain bei Trevi

Der Besuch der Stadt beginnt an der Piazza Garibaldi außerhalb der Stadtmauern. Bevor es hinaufgeht durch die engen Gassen des mittelalterlichen Trevi, kann man einen Blick in die Villa Fabri aus dem 16. Jahrhundert werfen und die Aussicht vom kleinen Garten aus genießen.

Und vor dem steilen Anstieg hoch bis zum Dom, der Cattedrale di Sant'Emiliano, lädt die Piazza Mazzini mit ihren Bars und Restaurants zu einer Pause ein. Von hier ist der Dom mit seiner romanischen Fassade schnell erreicht. Hier oben ist auch der Renaissance-Palast, Palazzo Lucarini, gegenüber interessant, dem ein ganzer mittelalterlicher Stadtteil zum Opfer fiel. Daneben befindet sich ein typisches kleines Haus aus dem Mittelalter, die „Casa medievale".

Nach dem oberen, ursprünglichen Teil Trevis kann man wieder unten im ehemaligen Franziskanerkloster von San Francesco aus dem 13. Jahrhundert gleich mehrere Museen besichtigen: die Pinakothek mit Werken bekannter umbrischer Maler, ein Stadtmuseum mit archäologischen Funden aus der römischen Zeit Trevis und ein kleines Museum, das über die Geschichte des Olivenöls, seinen Anbau und seine Verarbeitung erzählt. Es ist zwar kleiner als das Museum der Familie Lungarotti in Torgiano (siehe Tipp 23), aber dennoch einen Besuch wert .

Sentiero degli Ulivi/
Via dei Condotti

Neben dem allgegenwärtigen Olivenöl steht Trevi auch für den „Sedano nero", den schwarzen Staudensellerie, der zu einem der schützenswerten Slow Food-Lebensmittel zählt. Er wird seit dem 17. Jahrhundert in dieser Gegend angebaut und ist daher offiziell Teil der traditionellen landwirtschaftlichen Produkte Italiens. Durch seinen intensiven Geschmack passt er sehr gut als Pesto zu Nudeln oder wird in der süßen Variante als Brotaufstrich gegessen. „Schwarz" wird er genannt, weil seine Blätter dunkelgrün sind. Anders als die bekannten Sorten hat er keine Fäden.

Reste des Aquädukts

Wer den Zauber der Olivenhaine erleben möchte, der sollte dem „Sentiero degli Ulivi" folgen. Er führt mitten durch eine märchenhafte Landschaft aus silbrig schimmernden Olivenbäumen und vorbei an geschichtsträchtigen Orten wie Spello, Foligno und Trevi von Assisi bis nach Spoleto und lässt sich zu Fuß oder teilweise mit dem Rad entdecken. Auch der Franziskusweg führt in Teilen hier entlang.

Einen spektakulären Blick auf Trevi bietet der Weg zwischen Trevi und Sant'Arcangelo, wo ein Stück „Via dei Condotti" heißt, in Anlehnung an die Reste des dortigen mittelalterlichen Aquädukts. Wer länger wandern will, kann hier weiter über Pissignano und Campello sul Clitunno bis nach Poreta durch die Olivenhaine gehen.

Blick auf Trevi

Die ganze Gegend ist geprägt von der sogenannten „Fascia olivata", einem breiten Gürtel aus Olivenhainen, der auf einer Länge von über 40 Kilometern die Hügel zwischen Assisi und Spoleto überzieht. Er ist auf 9.000 Hektar mit jahrhundertealten Olivenbäumen bedeckt.

Ganz in der Nähe, im Ortsteil Bovara, befindet sich eine Rarität: Der 1700 Jahre alte „Ulivo di Sant'Emiliano" ist einer der ältesten Olivenbäume Italiens und wurde nach dem Schutzheiligen Trevis, dem Bischof Emiliano benannt. Angeblich wurde er an einen Olivenbaum gebunden enthauptet und starb als Märtyrer.

Ulivo di Sant'Emiliano

Info

Lage: Trevi liegt etwa 15 Kilometer südlich von Foligno.

Aktivitäten:

- Villa Fabri: Palazzo und Touristeninfo; Via delle Grotte, 2, 06039 Trevi, *museitrevi.it/villa-fabbri*
- Complesso Museale San Francesco di Trevi e Museo della Civiltà dell'Ulivo: Via Lucarini, 06039 Trevi, *musei-trevi.it/museo-della-civilta-dellulivo/*
- Veranstaltungen der Ölmühlen: *frantoiaperti.net*
- Rund um die „Fascia olivata": *fasciaolivata.it*
- Wanderung auf dem „Sentiero degli Ulivi": *treviambiente.it/itinerarieluoghi/sentiero-degli-ulivi-da-spoleto-ad-assisi/*
- Wandern auf der „Via dei Condotti": ab Trevi am Schwimmbad und der SP425 circa 700 Meter folgen bis linker Hand ein Schotterweg in die Olivenhaine führt. Rot-weiße Beschilderung St. Arcangelo, weiter bis Poreta, insgesamt 15 Kilometer, *sentierinellafasciaolivata.it/percorsi/poreta-trevi-i-sentieri-nella-fascia-olivata/*
- Geführte Radtour entlang der „Fascia olivata": *lagrandepedalata.it* (E-Bike-Verleih: *youmobility.it*)
- Frantoio Gaudenzi: Ölgeschäft Via Roma, 9, 06039 Trevi. *frantoiogaudenzi.it*
- Markt: 4. Sonntag des Monats ganztägiger Flohmarkt auf der Piazza Garibaldi

Einkehren und Übernachten:

- Ristorante-Taverna del 7 und Residenza La Bifora: in einem Teil des Palazzo Petroni, Via Tiberio Natalucci, 4, 06039 Trevi, *residenzalabifora.it*
- Agriturismo I Mandorli: herrlich gelegener Familienbetrieb mit hauseigenem kleinen Ölmuseum und Ölverkauf; Località Casa del Putto, 19, 06039 Bovara, *agriturismoimandorli.com*

Website: *umbriatourism.it/de/trevi*

20 Trüffel

AUF DER „JAGD“ NACH DEM TEUERSTEN PILZ DER WELT

Wer ihn noch nie probiert hat, der hat in Umbrien die Gelegenheit dazu: Hier gibt es den schwarzen oder sogar den extrem wertvollen weißen Trüffel, eine Pilzart, die bestimmte Böden sowie Klimabedingungen braucht. Ein ganz besonderes Erlebnis ist eine „Trüffeljagd“ wie zum Beispiel in San Pietro a Pettine bei Trevi.

Die bekanntesten Trüffelregionen Europas sind das Périgord in Frankreich sowie das piemontesische Alba in Italien. Doch auch Umbrien gehört zu den wichtigsten Trüffellieferanten weltweit und stellt seine Produkte auf Trüffelmessen und -festen wie in Gubbio oder Città di Castello vor.

Edler schwarzer Trüffel

Eingeführt wurde der „Tartùfro", der „duftende Stein", wie er damals genannt wurde, von den antiken Umbrern, während ihn die Griechen und Römer als Aphrodisiakum schätzten.

Der wertvollste, teuerste Trüffel der Welt ist der edle Weiße, der „Trifola", den man in Umbrien im oberen Tibertal in der Gegend um Montone, Città di Castello, Pietralunga, Gubbio sowie um Orvieto findet. Er wächst zwischen September und Dezember unter Pappeln, Weiden sowie Eichen, tiefer in der Erde als die anderen Arten. Da er nur wild in der Natur vorkommt, ist er sehr selten und so kann ein Kilogramm schnell Tausende von Euro kosten.

Auch der edle schwarze Trüffel wird zwischen November und März gesammelt. Ideal für ihn sind vor allem die umbrischen Eichen-, Steineichen-, Buchen- und Kastanienwälder sowie die kalkhaltigen und lehmigen Böden besonders in der Gegend um Norcia, Spoleto, rund um Flüsse wie die Nera sowie um den Monte Subasio und Trevi. Weniger intensiv schmeckt der „Scorzone", der Sommertrüffel, den man in Laubwäldern findet. Er ist in ganz Umbrien verbreitet und wird in der umbrischen Küche gerne für Saucen und Würste verwendet.

Allerdings ist es nicht möglich, einfach in den Wäldern „auf Trüffeljagd" zu gehen, da man eine Lizenz benötigt und nur in ausgewiesenen Bereichen, den „Zone riservate", suchen darf. Zu beachten sind auch die Jagdzeiten sowie generell die Jahreszeiten, in denen die Trüffel reif sind.

Bruno auf Trüffelsuche

Der Trüffel braucht nämlich sowohl Sonne als auch ausreichend Wasser und eine Wirtspflanze, an deren Wurzeln er sich entwickeln kann. Er kann somit nicht angebaut oder gezüchtet werden. Einer der größten Trüffelproduzenten in Umbrien, die Azienda Agraria San Pietro a Pettine „impft“ in ihren Plantagen, den „Tartufai“, die Eichen mit Trüffelsporen, die nach circa fünf bis sechs Jahren zu mehr oder weniger großen Knollen heranwachsen. Anschließend werden sie „gejagt“ und in der Trüffelfabrik in Borgo Trevi zu Produkten wie Trüffelbutter oder -saucen verarbeitet. Da der frische Trüffel nicht lange gelagert werden kann, wird er im Geschäft in Trevi auch tiefgefroren verkauft.

Mitten in den schönen Hängen von San Pietro a Pettine nahe Trevi wird eine sehr interessante Trüffeljagd mit dem erfahrenen und inzwischen pensionierten Bruno angeboten. Seine Hunde finden in kürzester Zeit größere und kleinere schwarze Knollen, je nach Jahreszeit den edlen Schwarzen, den „Nero pregiato“, oder den „Scorzone“. Brav bringen sie ihrem Herren ihre Beute, der seit gut zehn Jahren seine Tiere bereits als Welpen darin trainiert, die Trüffel gegen eine Belohnung abzugeben. Das Suchen mit Schweinen wird seit Langem nicht mehr praktiziert, da sonst das Erdreich zu stark zerstört würde.

Kirche San Pietro a Pettine

Während die Hunde eifrig suchen, erzählt Federica von der Azienda auf Italienisch oder Englisch Interessantes und Unterhaltsames rund um den Trüffel und führt in die hauseigene Kapelle.

Nach der „Jagd“ warten entweder ein sehr schmackhafter Brunch mit Trüffel auf der „bruschetta", dem gegrillten Weißbrot mit Olivenöl, sowie eine typisch umbrische „Frittata con tartufo", ein Omelett mit Trüffeln, oder gleich ein ganzes Mittag- oder Abendessen im erstklassigen Restaurant vor Ort. In San Pietro a Pettine kann man auch übernachten und die reizende Lage mit Blick auf Trevi somit länger genießen. Denn hier oben kommen auch Wanderer auf ihren Geschmack, führt doch der Franziskusweg direkt vorbei. Auch Sehenswürdigkeiten wie der Tempel und die Quellen des Clitunno befinden sich ganz in der Nähe.

Info

Lage: San Pietro a Pettine liegt 1,3 Kilometer außerhalb von Trevi und etwa zehn Kilometer von Foligno.

Adresse: Tenuta San Pietro a Pettine, Restaurant und Veranstalter„Trüffeljagd"; Località San Pietro a Pettine, 06039 Trevi

Aktivitäten:

- Terra di Tartufo: Trüffelmesse (weißer und schwarzer Trüffel), jedes Jahr Oktober/November; Piazza 40 Martiri, 06024 Gubbio, *tartufodigubbio.it*
- Mostra Mercato Nazionale del Tartufo Bianco: Messe rund um den weißen Trüffel, jedes Jahr Ende Oktober/Anfang November; Piazza Matteotti, 06012 Città di Castello, *cittadicastelloturismo.it/il-tartufo-bianco/*
- Mostra Mercato Tartufo Nero: Messe rund um den schwarzen Trüffel jedes Jahr im Februar/März; 06046 Norcia, *nero-norcia.it*

Einkehren und Übernachten:

- Tenuta San Pietro a Pettine: Azienda Agricola San Pietro a Pettine, Località San Pietro a Pettine, 06039 Trevi, *sanpietroapettine.com*

Websites:

- *sanpietroapettine.it*
- *tartufo.com*

21 Bevagna

MITTELALTER „LIVE“ ERLEBEN

In Bevagna ist das Mittelalter nicht nur in den Gebäuden präsent, sondern es wird für zehn Tage alljährlich im Juni während der „Gaite“ zum Leben erweckt. Doch der hübsche kleine Ort ist auch wegen seiner römischen Überreste sowie wegen seines kleinen Theaters aus dem 19. Jahrhundert eine Reise wert.

Man stelle sich vor, man verbringe einige Tage „live" in der Zeit zwischen 1250 und 1350 und ein ganzer Ort wird zur gigantischen Bühne. Der „Mercato delle Gaite" besteht eigentlich aus mehreren Märkten, die mit ihren Handwerksbuden ein großes Ganzes bilden. Die ehemaligen Stadtviertel Bevagnas, die „Gaite", sind nach ihren vier Kirchen benannt, treten seit über 30 Jahren gegeneinander an und wetteifern darum, in ihren Tavernen die leckersten mittelalterlichen Gerichte anzubieten. Und wenn es dunkel wird, fühlt man sich im Schein der Fackeln unter all den historisch gekleideten Einwohnern tatsächlich wie in einer anderen Zeit.

Doch selbst wenn man nicht im Juni nach Bevagna kommt, so können die traditionellen, mittelalterlichen Handwerkskünste während des ganzen Jahres dank des „Circuito dei mestieri medievali" erlebt werden. Auf geführten Touren und in suggestivem Ambiente erfährt man in der „Cartiera", beim Papiermacher, wie aus Stofffetzen Hand geschöpftes Papier entsteht, im düsteren Gewölbe der „Cereria", der Wachszieher, hängen Kerzen aus Bienenwachs von der Decke und beim „Dipintore", beim Maler, lernt man alles über die Tempera-Malerei, bei der eine Mischung aus Eigelb und Wasser als Bindemittel dient. Am spektakulärsten ist allerdings eine gigantische Holzmaschine zum Zwirnen, wie man das Zusammendrehen von Garnen nennt. Diese Zwirnmaschine füllt einen ganzen Raum aus. Kaum kann man sich vorstellen, wie sie durch reine Körperkraft angetrieben wer-

Mercato delle Gaite

Seidenraupenzucht

den konnte. Hier im „Setificio" können Sie auch alte Webstühle sowie eine Seidenraupenzucht bewundern und alles über die Herstellung von Seide erfahren.

All diese Handwerksstätten sind gut zu Fuß vom zentralen Platz Bevagnas, der Piazza Filippo Silvestri aus dem 13. Jahrhundert zu erreichen. Angeblich der schönste unter den kleinen Plätzen Italiens, ist er umgeben von der turmlosen Chiesa di San Silvestro mit ihrer romanischen Fassade, der Chiesa di San Michele Arcangelo sowie dem Palazzo dei Consoli, dem ehemaligen Justizpalast. Letzterer wurde bei einem Erdbeben 1886 stark beschädigt. Nur durch die Unterstützung der Einwohner Bevagnas entstand darin ein kleines Theater wie aus dem Bilderbuch: das „Teatro Francesco Torti". Von den samtbezogenen 251 Sitzen aus kann man noch heute Aufführungen genießen.

Teatro Francesco Torti

Wie in so vielen umbrischen Städten gibt es auch in Bevagna eine beeindruckende mittelalterlich-römische Stadtmauer und weitere Hinterlassenschaften der Römer wie die schönen Mosaiken mit ihren Wasserwesen in den römischen Thermen, den „Terme Romane".

Bei so viel Geschichte ist es nicht verwunderlich, dass Bevagna immer wieder Schauplatz für Historienfilme wurde und wird. Zuletzt fanden Dreharbeiten für den Film „Dante" des italienischen Regisseurs Pupi Avati hier statt. Natürlich gehört die Stadt auch zur Vereinigung „Borghi più belli d'Italia".

Info

Lage: Bevagna liegt etwa 30 Kilometer südlich von Perugia.

Aktivitäten:

- „Terme Romane" und „Teatro Torti": Teil einer Führung, Organisation durch Touristeninfo:Pro Loco, Piazza Filippo Silvestri, 1, 06031 Bevagna; *prolocobevagna.it*
- Tenute Lunelli/„Il Carapace": Weingut in Form eines Schildkrötenpanzers; geführte Touren und Verkostungen; Tenuta Castelbuno, Vocabolo Castellaccio, 9, Località Cantalupo, 06031 Bevagna, *tenutelunelli.it/de/contatti.php*
- Mercato delle Gaite: jedes Jahr im Juni; *ilmercatodellegaite.it/mercato-delle-gaite-bevagna*
- Circuito dei Mestieri: ganzjährig; Associazione Mercato delle Gaite, Piazza F. Silvestri, 1, 06031 Bevagna; *ilmercatodellegaite.it/il circuito-culturale-dei-mestieri-medievali*

Einkehren und Übernachten:

- Le Barbatelle: Weinbar und kleines, aber feines Restaurant, sehr schmackhafte, mediterrane, nicht nur typisch umbrische Gerichte; Corso Giacomo Matteotti, 32, 06031 Bevagna, *lebarbatellewinebar.com*
- Serpillo: rustikales Restaurant in ehemaliger Ölmühle mit herrlicher Aussicht; Via di Mezzo, 1, 06031 Torre del Colle, *serpillo.com*
- Ostello bello: Die angeblich „beste" Herberge Umbriens in einem Gebäude aus dem 10. Jahrhundert vier Kilometer außerhalb Bevagnas im reizenden Dorf Torre del Colle. Mit Pool und wunderschöner Aussicht; Via di Mezzo, 12, Torre del Colle, *ostellobello.com/en/hostel/assisi/*

Website: *umbriatourism.it/de/bevagna*

22 Montefalco

KIRCHENMUSEUM MIT HERRLICHEN FRESKEN

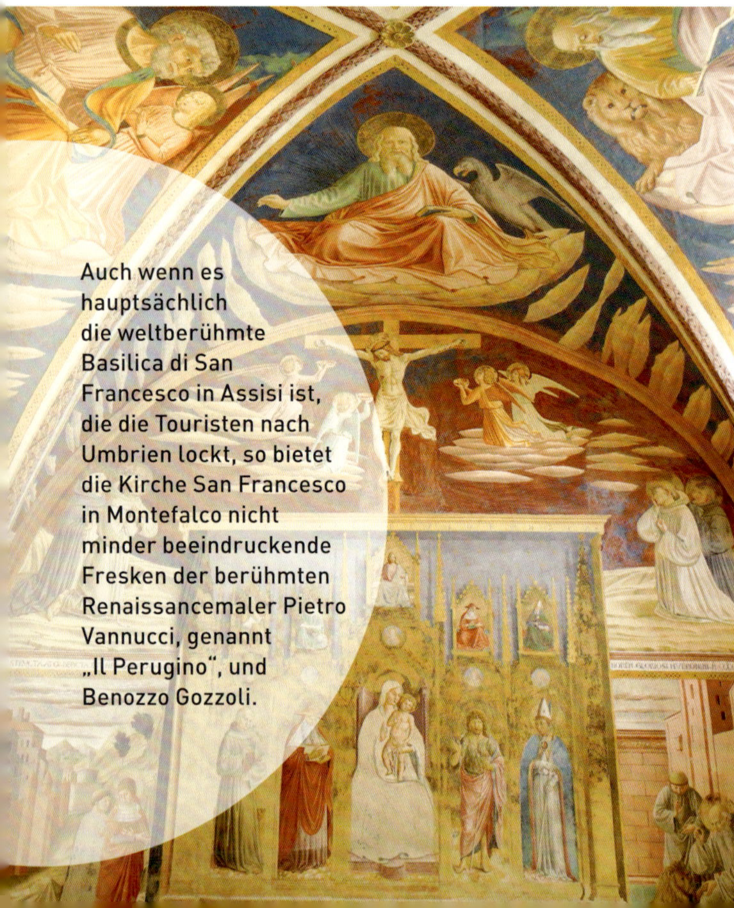

Auch wenn es hauptsächlich die weltberühmte Basilica di San Francesco in Assisi ist, die die Touristen nach Umbrien lockt, so bietet die Kirche San Francesco in Montefalco nicht minder beeindruckende Fresken der berühmten Renaissancemaler Pietro Vannucci, genannt „Il Perugino“, und Benozzo Gozzoli.

Montefalco, der „Falkenberg", verdankt seinen Namen der Falkenjagd Friedrichs II, der sich um 1249 hier aufhielt. Es wird auch das „Balkongeländer Umbriens" genannt, da es in exponierter Lage oben auf einem Hügel liegt und einen wunderschönen Blick über Olivenhaine und Weinberge bietet.

Bekannt ist es für seine Rotweine, den Sagrantino und den Montefalco Rosso, sowie sein erstklassiges Olivenöl. Mit seinen hübschen Gassen und mittelalterlichen Gebäuden ist es ein typisch umbrisches Städtchen und gehört zur Vereinigung der „Borghi più belli d'Italia".

Betritt man die Stadt über das Tor Sant'Agostino, so laden sofort zahlreiche Weinstuben, Restaurants, Trattorien sowie Geschäfte entlang des Corso Mameli zum Probieren und Kaufen eben jener Erzeugnisse ein. Während des ganzen Jahres finden außerdem Veranstaltungen rund um das Thema Wein statt.

Corso Mameli

Am Ende des Corso erreicht man den zentralen Platz des Ortes, die hübsche Piazza del Comune, mit dem Palazzo Comunale und der Kirche San Filippo Neri, die heute als Theater dient. Hier bietet sich ein Mittagessen oder Kaffeestopp zur Stärkung an, bevor man sich dem Herausragenden, Unerwarteten widmet. Denn ganz in der Nähe des Platzes liegt die im 14. Jahrhundert erbaute Kirche von San Francesco, die seit 1990 als Museum fungiert. Weltweite Berühmtheit erlangte sie gerade wegen ihres farbenfrohen Freskenzyklus des Renaissancemalers Benozzo Gozzoli aus der Zeit um 1450. Doch nicht nur deswegen.

Beim Betreten der Kirche steht ihre Einfachheit im Vordergrund, während die Wände von teils renovierten Freskenfragmenten

Palazzo Comunale

verziert sind. Besonders schön ist ein Werk von Perugino, dem bekannten umbrischen Maler aus dem 16. Jahrhundert: die Geburt Christi, die mit den ihm typischen lieblichen Figuren vor der umbrischen Landschaft dargestellt wird. So schön, dass der Besucher nur allzu gerne auf einem der Stühle davor Platz nimmt, um den Anblick in Ruhe zu genießen.

Doch richtig ins Staunen kommt er, wenn er den Altarbereich betritt: Hier sind es keine Fragmente mehr, sondern ein nach dem Erdbeben 1997 perfekt restaurierter Freskenzyklus, der vor allem das Leben des heiligen Franziskus in einer farbenfrohen Bildergeschichte wiedergibt. Von seiner Geburt, über die berühmte Predigt zu den Vögeln bis hin zu seinem Tod sieht man in zwölf Szenen wichtige Stationen im Leben des Heiligen.

Detailliert wird gerade auf dem Fresko „Die Vogelpredigt des Franziskus und die Segnung Montefalcos" die umbrische Landschaft mit dem Monte Subasio dargestellt. Die Stadt Montefalco lässt sich hier sehr gut an ihrem Wappen auf der Stadtmauer erkennen. Während der Heilige im linken Teil zu den Vögeln vor der als Miniatur dargestellten Stadt Bevagna predigt, segnet er diese im rechten Teil. Neben ihm knien der Bischof von Sarsina und die Auftraggeber des Freskos.

Auch die anderen Fresken des berühmten florentinischen Malers zeichnen sich durch die realitätsgetreue Darstellung der umbrischen Landschaft, ihrer Städte und Einwohner aus. Vor allem die genaue Wiedergabe der Architektur machte die Bilder für die Gläubigen zu jener Zeit so lebendig, dass sie sich Franziskus in der realen Welt sehr gut vorstellen konnten. Schließlich waren die Fresken damals eine Art Ersatz für Bücher. Daher versuchte Benozzo Gozzoli, in die Figuren so viel Ausdruck wie in der noch starren Darstellung der Frührenaissance überhaupt möglich zu legen.

Info

Lage: Montefalco liegt zwölf Kilometer von Foligno und 40 Kilometer von Perugia entfernt.

Aktivitäten:

- Museumskomplex „Complesso museale di San Francesco“: Via Ringhiera Umbra, 6, 06036 Montefalco, *museomontefalco.it*
- Fuga del bove: Jedes Jahr im August treten die vier historischen Stadtviertel gegeneinander mit Ochsen an und stellen die „Flucht des Ochsen“ nach, *montefalco.it/la-fuga-del-bove*
- Veranstaltungen rund um das Thema Wein: *consorziomontefalco.it* und *stradadelsagrantino.it*
- Verkauf von erstklassigen Qualitäts-Olivenölen: Franchise-Geschäft des bekannten umbrischen Familienunternehmens Marfuga aus Campello sul Clitunno; Corso Goffredo Mameli, 56, 06036 Montefalco, *marfuga.it*
- Markt: Montagvormittag, Corso Mameli, Montefalco

Einkehren und Übernachten:

- Enoteca Federico II: sehr gutes Café, Weinbar, Restaurant und Pizzeria, man sitzt drinnen und draußen schön; Piazza del Comune, 1, 06036 Montefalco
- Hotel Degli Affreschi: Mix aus Modern und Alt mitten im Herzen der Stadt; Corso Mameli, 45, 06036 Montefalco, *hoteldegliaffreschi.it*

Website: *umbriatourism.it/de/montefalco*

23 Montefalco

AUF „SAFARI“ IN DEN WEINBERGEN

Seit den 1990er-Jahren holt Umbrien in puncto Weinanbau immer mehr auf und produziert ausgezeichnete Qualitätsweine wie den berühmten DOC-Weißwein, den Orvieto Classico. Der rote Sagrantino von Montefalco hat sogar die Auszeichnung DOCG erreicht. Wie er angebaut wird, kann man auf einer unterhaltsamen Tour im Safarijeep mit Giorgio Brunozzi erfahren.

Für Weinliebhaber empfiehlt es sich, in Umbrien einer der vier Weinstraßen zu folgen. Während Sie sich der Verkostung der diversen Weine widmen, können Sie gleichzeitig Kunst und Kultur in den mittelalterlichen Städten und „Borghi" entlang der Routen erleben. Entweder rund um den Lago Trasimeno auf der Strada del Vino dei Colli del Trasimeno, der Strada dei Vini Etrusco Romana entlang des Tibers in der Provinz Terni, der Strada dei Vini del Cantico zwischen Todi, Perugia, Torgiano, Spello und Assisi oder auf der Strada del Sagrantino rund um Montefalco. Hier hat sich der engagierte Weinbauer Giorgio Brunozzi etwas ganz Besonderes einfallen lassen, eine „Enosafari".

Giorgio Brunozzi und sein Jeep

Auf einer landschaftlich sehr schönen Strecke nahe Montefalco fährt er seine Gäste mit einem Jeep durch seine Weinberge und erklärt voller Begeisterung alles zum Thema Wein und die Umstellung auf biologischen Anbau. Nachdem das kleine Familienunternehmen Brunozzi auf dem Colle Arfuso auch Olivenöl produziert, erfährt man darüber ebenfalls viel Interessantes.

In Umbrien gibt es 13 Weine mit dem Prädikat DOC, „Denominazione di origine controllata", und zwei mit dem höherwertigen Prädikat DOCG, „Denominazione di origine controllata e garantita", den Torgiano Rosso Riserva DOCG und den Sagrantino DOCG aus Montefalco.

Giorgio baut diverse Rotweine wie den Grechetto, den Rosso di Montefalco sowie einen Rosé aus Sangiovesetrauben an. Neben dem roten Montefalco Sagrantino ist der Dessertwein Sagrantino Passito sein Aushängeschild, für den die Trauben auf Gittern getrocknet werden, um einen höheren Zuckergehalt zu erreichen. Der Name „Sagrantino" geht zurück auf seine Verwendung als Messwein, also als „Vino sacro", heiliger Wein. Die von franziskanischen Mönchen aus Kleinasien eingeführte Traube könnte ihren Namen jedoch auch der Tatsache verdanken, dass der Sagrantino gerne auf den „Sagre", kulinarischen Festen, konsumiert wurde und wird.

Azienda Brunozzi

Von der Lese bis zur Abfüllung wird bei den Brunozzis alles selbst gemacht und am Ende der Tour wartet die „Mamma" in der rustikalen Schankstube sowie Verkaufsraum mit umbrischen Köstlichkeiten und Weinproben.

Auch wenn in Umbrien das große Familienunternehmen Lungarotti am bekanntesten ist und geführte Touren durch die Weingüter und Kellereien in Torgiano anbieten, so ist die kleine Azienda agraria der Familie Brunozzi ein ganz persönliches Erlebnis.

Ein Abstecher ins nahe gelegene Torgiano ist dennoch wegen der dortigen Wein- und Olivenölmuseen der Stiftung Lungarotti sehr empfehlenswert. Hier wird die Vergangenheit des Weinanbaus im Palazzo Graziani-Baglioni aus dem 17. Jahrhundert anhand archäologischer Fundstücke wie Amphoren oder Krügen sowie Fotografien eindrucksvoll zum Leben erweckt. Besonders sehenswert ist die riesige Kelterpresse. Aber auch über die Verwendung des Weins zu religiösen oder medizinischen

Kelterpresse im Museum Lungarotti

Zwecken erfährt man in den insgesamt 20 Sälen des Weinmuseums viel. Immerhin geht der Weinanbau zurück bis auf die Etrusker und Römer und die ausgestellten Stücke stammen teils aus dem 3. Jahrtausend vor Christus.

Info

Lage: 1,5 Kilometer südlich von Montefalco. Montefalco liegt zwölf Kilometer von Foligno und 40 Kilometer von Perugia entfernt.

Adresse: Azienda Agraria Brunozzi, Località Colle Arfuso, 2, 06036 Montefalco

Aktivitäten:

- Wein- und Ölstraßen in Umbrien: *stradevinoeolio.umbria.it*
- Montefalco liegt an der Weinstraße „Strada del Sagrantino": *stradadelsagrantino.it.*
- Radtour Montefalco und die Weinstraßen des Sagrantino: *umbriatourism.it/de/-/route-17-montefalco-und-die-weinstraen-des-sagrantino*
- MUVIT und MOO: Wein-, Oliven- und Ölmuseum der Stiftung Lungarotti, Palazzo Graziani Baglioni, Corso Vittorio Emanuele II, 31, 06089 Torgiano, *muvit.it*
- Fattoria Calcabrina: Bauernhof und Ziegenfarm mit Verkauf von selbst hergestelltem Ziegenkäse mit hochphilosophischen Ansätzen. Hoftour möglich; Località Campolctamo, 06036 Montefalco; *fattoriacalcabrina.it*

Einkehren und Übernachten:

- L'Alchimista: Weinbar und Restaurant, traditionelle und ausgefallene Gerichte; Piazza del Comune, 14, 06036 Montefalco, *ristorantealchimista.it*
- Albergo-Ristorante Siro: sehr gutes Essen in schönem Ambiente, Zimmervermietung; Via Giordano Bruno, 16, 06089 Torgiano, *hotelsirotorgiano.it*
- Tenuta Colverano: B&B auf einem Landgut drei Kilometer außerhalb von Montefalco, Località Camiano, 06036 Localita Colverano, *tenutacolverano.it*

Website: *www.aziendagrariabrunozzi.it*

24 Spoleto

AUF ROLLTREPPEN DURCH DIE STADT

In Spoleto kann man auf „mechanisierten Wegen“, Rolltreppen und unterirdischen Förderbändern, von der unteren in die obere Stadt gelangen und sich mühelos den beeindruckenden Dom sowie Zeugnisse der Römer ansehen oder von der Rocca Albornoziana die herrliche Aussicht genießen.

Spoleto liegt zwischen waldreichen Hügeln auf dem Colle Elia und hat zahlreiche Kunstschätze zu bieten. Beginnen könnte man seinen Rundgang am Parkplatz Ponzianina. Hier um die Ecke führt die erste Rolltreppe hinauf bis zur Kathedrale Santa Maria Assunta mit ihrer schönen romanischen Fassade. Die Piazza del Duomo davor dient alljährlich im Juni als Kulisse für die Konzerte des „Festival dei due Mondi".

Der Dom, die Kathedrale Santa Maria Assunta

Der ab 1175 erbaute Dom wurde, wie es im 17. Jahrhundert Mode war, innen „barockisiert". Besonders der damalige Bischof von Spoleto und spätere Papst Urban VIII., Maffeo Barberini, führte die Renovierungsarbeiten an. Daher ziert sein Wappen, die Biene, die seitlichen Bögen im Innenraum der Kirche.

Sehenswert sind die Fresken des berühmten Renaissancemalers Pinturicchio in der Cappella Eroli gleich rechts, die Maria mit Kind, Johannes dem Täufer und Leonhard darstellen.

Noch faszinierender ist der Chorbereich mit farbenprächtigen Fresken des toskanischen Malers Fra' Filippo Lippi, die Szenen aus dem Leben der heiligen Jungfrau zeigen. Interessant ist hier der Herr mit der schwarzen Kappe zu Füßen Marias: ein Selbstporträt Lippis. Der Geschichtsschreiber Giorgio Vasari berichtete über diesen bekannten Maler der Frührenaissance, dass er in Spoleto ermordet wurde, weil er ein Frauenheld war. Nach seinem Tod blieben die Fresken unvollendet und wurden von seinen Schülern fertiggestellt. Nicht nur sein Grabmal befindet sich hier in der Kirche, sondern auch ein handgeschriebener Brief des heiligen Franziskus an Bruder Leo in der „Cappella delle Reliquie".

Verlässt man die Kathedrale und steigt die breiten Treppen empor, so erreicht man die Via Palazzo dei Duchi mit ihren mittelalterlichen Gebäuden und traditionellen Geschäften. Hier liegt auch die Eisdiele „Crispini", die 2017 den Weltmeistertitel für Pistazieneis gewann. Die Straße mündet auf den zentralen Platz der Stadt, die Piazza del Mercato, dem einstigen Forum zu römischer Zeit als Spoleto 241 v. Chr. eine Kolonie wurde.

Piazza del Mercato

Anschließend lädt die kleine aber feine „Casa Romana" im Rathaus zur Besichtigung ein, wo mehrere Räume mit schönen Mosaikböden um ein Atrium angeordnet sind. Denn im Palazzo Comunale wurden 1885 in den Kellerräumen Mauern dieses römischen Hauses aus dem 1. Jahrhundert n. Chr. entdeckt. Zurück auf der Piazza del Mercato führt die Via Arco di Druso direkt zum Triumphbogen Arco di Druso e Germanico, der inzwischen Teil eines Gebäudes ist. Früher lag hier auch ein römischer Tempel, über dem im 18. Jahrhundert die heutige Kirche Sant'Ansano erbaut wurde.

Weitere Funde aus der Antike sind im nahegelegenen archäologischen Museum ausgestellt, von dessen Galerie aus man direkt auf das römische Theater blickt. Während der Festivalzeit wird es zur eindrucksvollen Bühne für diverse Veranstaltungen.

Ponte delle Torri

Auch wenn Spoleto noch mehr Sehenswürdigkeiten besitzt, so könnte man über unterirdische Förderbänder, zum Beispiel ab dem Teatro Nuovo, noch hinauf zur Rocca Albornoziana fahren. Diese sowie die Festungen in Narni, Orvieto und Assisi wurden im 14. Jahrhundert im Auftrag des spanischen Kardinals

Albornoz erbaut. Die Anweisung dazu erhielt er von Papst Innozenz VI von Avignon aus, um die päpstliche Macht wiederherzustellen. Besonders der Spaziergang rund um die Rocca lohnt sich: Neben dem Panorama über die Stadt, bietet sich ein einmaliger Blick auf die Ponte delle Torri und die Wälder des Monteluco. Die imposante „Brücke der Türme" aus dem 14. Jahrhundert diente gleichzeitig als Verbindungsbrücke hinüber zu den Mühlen sowie als Aquädukt zur Versorgung der Stadt. Zurück gelangt man über Rolltreppen von der Rocca hinunter zur Ponzianina.

Info

Lage: Spoleto liegt etwa 60 Kilometer südlich von Perugia.

Aktivitäten:

- Casa Romana: Via di Visiale, 9, 06049 Spoleto, *umbriatourism.it/de-DE/-/casa-romana*
- Museo Archeologico Nazionale e Teatro Romano: Via Sant'Agata, 18a, 06049 Spoleto, *comune.spoleto.pg.it/turismoecultura/la-citta/musei/museo-archeologico-nazionale/*
- Festival dei Due Mondi: internationales Musikfestival jedes Jahr im Juni/Juli; *festivaldispoleto.com*
- Markt: Freitagvormittag; großer Markt mit Lebensmitteln und Kleidung; Via Cacciatori delle Alpi

Einkehren und Übernachten:

- Taverna dei Duchi: mediterrane Küche und Pizza auch zum Mittagessen; Via Aurelia Saffi, 1, 06049 Spoleto, *tavernadeiduchi.it*
- Hotel-Ristorante Il Panciolle: gutes Essen bei herrlicher Aussicht, sehr zentrale Lage; Via del Duomo, 3, 06049 Spoleto, *ilpanciolle.it*

Website: *umbriatourism.it/de/spoleto*

HINWEIS: Der Parcheggio Ponzianina liegt versteckt unter der Via Flaminia und ist am Markttag schlecht zu erreichen. Dann mit dem Shuttlelbus „navetta" ab Bahnhof in die Altstadt fahren!

Valnerina:
das Tal der Nera

Blick auf den Piano Grande

Valnerina: das Tal der Nera

25. Vallo di Nera und Borgo Cerreto: versteckte Schätze in der Valnerina
26. Valnerina: einfache und abenteuerliche Radtouren in den Bergen
27. Scheggino: Mittelalter, Rafting und Trüffel im Tal der Nera
28. Piano Grande: atemberaubende Hochebene von Castelluccio
29. San Pietro in Valle und Ferentillo: zwischen Mythen, Kunst und Natur
30. Cascata delle Marmore: überwältigende Wasserfälle

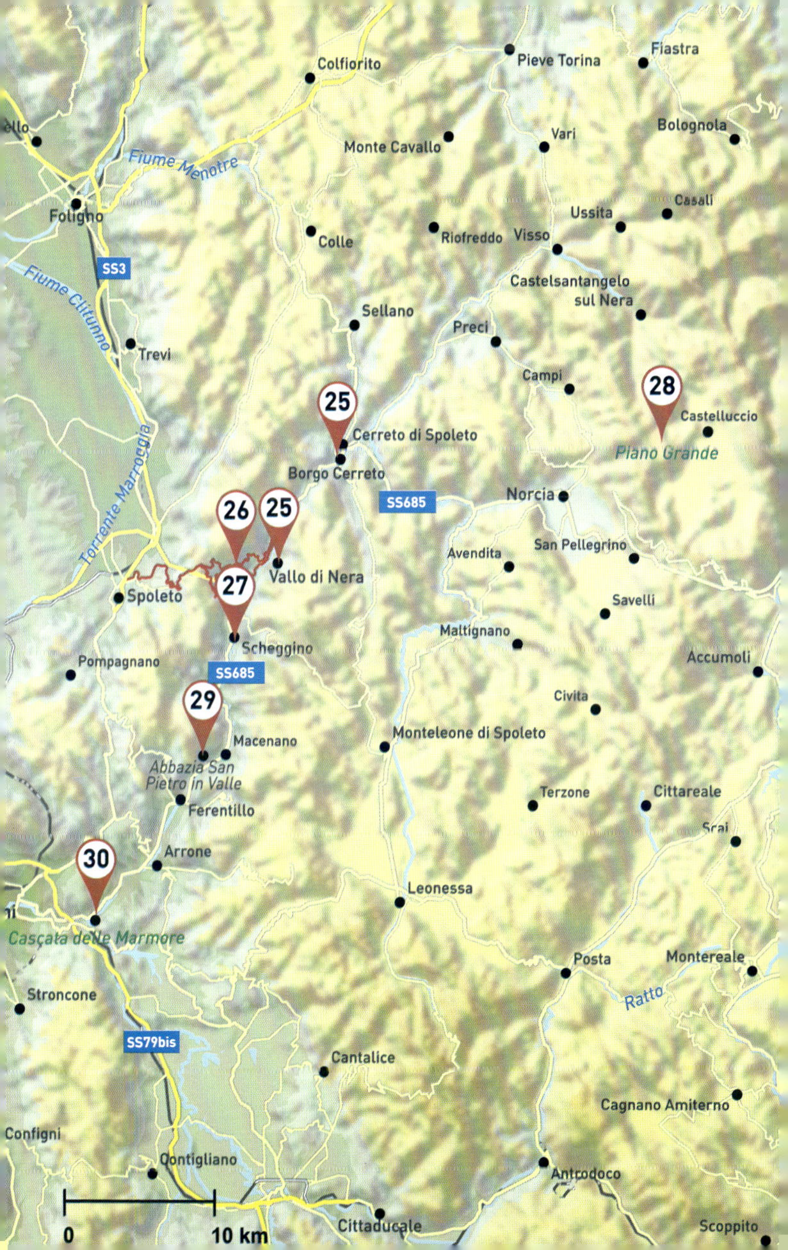

Colfiorito
Pieve Torina
Fiastra
Monte Cavallo
Vari
Bolognola
Fiume Menotre
Foligno
SS3
Colle
Riofreddo
Visso
Ussita
Casali
Fiume Clitunno
Castelsantangelo sul Nera
Sellano
Preci
Trevi
Campi
28
Castelluccio
Piano Grande
25
Cerreto di Spoleto
Borgo Cerreto
Torrente Marroggia
SS685
Norcia
26
25
San Pellegrino
Avendita
Vallo di Nera
27
Spoleto
Savelli
Maltignano
Scheggino
Pompagnano
SS685
Accumoli
29
Civita
Monteleone di Spoleto
Macenano
Abbazia San Pietro in Valle
Ferentillo
Terzone
Cittareale
Scai
30
Arrone
Leonessa
Cascata delle Marmore
Posta
Montereale
Ratto
Stroncone
SS79bis
Cantalice
Cagnano Amiterno
Configni
Contigliano
Antrodoco
0
10 km
Cittaducale
Scoppito

25 Vallo di Nera und Borgo Cerreto

VERSTECKTE SCHÄTZE IN DER VALNERINA

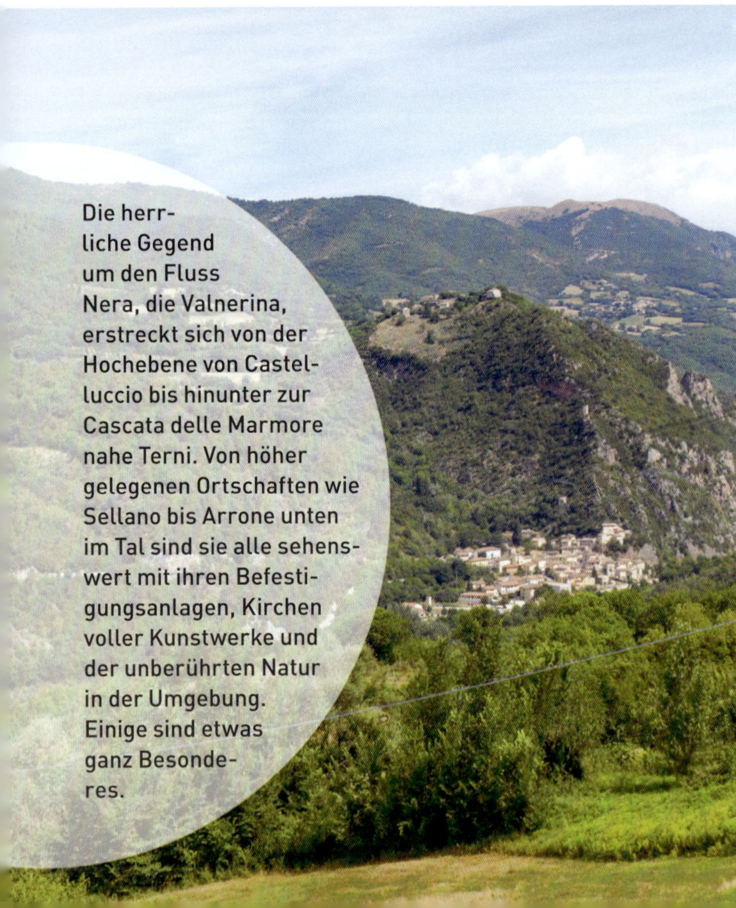

Die herrliche Gegend um den Fluss Nera, die Valnerina, erstreckt sich von der Hochebene von Castelluccio bis hinunter zur Cascata delle Marmore nahe Terni. Von höher gelegenen Ortschaften wie Sellano bis Arrone unten im Tal sind sie alle sehenswert mit ihren Befestigungsanlagen, Kirchen voller Kunstwerke und der unberührten Natur in der Umgebung. Einige sind etwas ganz Besonderes.

Vallo di Nera gehört zur Vereinigung „Borghi più belli d'Italia" und ist einer der ältesten Orte Umbriens. Aufgrund seiner strategisch günstigen Lage oben in den Bergen wurde die Befestigungsanlage des Tales, das „Castello Della Valle", 1217 zu Verteidigungszwecken gegründet. Heute noch zeugen davon die Stadtmauer, Stadttore sowie ein paar Türme.

Ab dem Parkplatz am „Castello" starten häufig Wanderer und decken sich in der Taverna del Bordone mit Proviant ein. Bei einem Cappuccino auf der Terrasse blickt man direkt hinüber nach Piedipaterno und kann sich in Ruhe auf die Valnerina einstimmen. Hier beginnen die Wanderwege in die benachbarten Ortschaften.

Wer mehr über den Ort und die Valnerina erfahren möchte, tut gut daran, sich die Stadt- und Wanderführerin Sonia Cocciarelli zu buchen. Vor allem kann die Deutsch-Italienerin die Pforte zur Kirche Santa Maria Assunta öffnen und Details zu deren höchst interessanten Geschichte liefern.

Sonia Cocciarelli in Vallo di Nera

Wie damals üblich lag diese Franziskanerkirche aus dem 13. Jahrhundert mit ihrem Konvent außerhalb der Stadtmauern, die man aufgrund der rundlichen Form der angrenzenden Häuser noch erahnen kann. Besonders hübsch ist der Vorplatz mit Blick auf die romanische Fassade der Kirche.

Santa Maria Assunta

Sobald man diese betritt, umfängt einen der Zauber der Vergangenheit: Die farbenprächtigen Freskenfrag-

Santa Maria Assunta

mente sind das Ergebnis einer 100 Jahre andauernden Restaurierungsarbeit. Denn im 16. Jahrhundert waren im Zuge der Kirchenrenovierung die Fresken übertüncht worden. Rein zufällig entdeckte sie 1904 ein Priester unter dem herunterrieselnden Putz. Anschließend begann man mit der aufwendigen Restaurierung, die durch das Erdbeben 1997 zusätzlich erschwert wurde.

Erst 2016 wurde die berühmte „Prozession der Weißen" an der rechten Wand fertig gestellt, die 1401 durch die Hand von Cola di Pietro da Camerino, einem Schüler Giottos, entstanden war. Das Fresko zeigt Pilger, die im Jubeljahr 1399 durch ganz Italien nach Rom zogen und in ihren weißen Büßergewändern auch durch Vallo di Nera kamen. Neben anderen Werken findet man in der Apsis vom gleichen Künstler Szenen aus dem Leben Christi und Mariens sowie des Heiligen Franziskus.

Die Prozession der Weißen

Ebenfalls im 16. Jahrhundert war außerhalb der Mauern ein ganzes Stadtviertel mit Handwerksstätten und Geschäften rund um das Färben von Wolle oder den Anbau von Safran entstanden. Bei einem Spaziergang entlang der ehemaligen Valnerinastraße, die mitten durch Vallo di Nera verläuft, kann man sich die Aktivitäten hinter den Holztoren gut vorstellen.

Ehemalige Valnerinastraße

Ganz in der Nähe liegt ein Waschhaus aus der damaligen Zeit, das ein paar Einwohner heute tatsächlich noch zum Wäsche waschen nutzen.

Durch hoch aufragende Berge geht es nun weiter ins 15 Kilometer entfernte Borgo Cerreto im Tal. Der Name „Cerreto" geht auf die Steineichenwälder zurück, denen man hier überall begegnet. Das ähnlich klingende Cerreto di Spoleto liegt oben und ist ebenfalls einen Zwischenstopp wert.

Wir bleiben im kleinen Borgo Cerreto, wo Sonia Cocciarelli die Hüterin des Schlüssels für ein außergewöhnliches Mumienmuseum ist: Das Dokumentationszentrum des hiesigen Arztes und Chirurgen Baronio Vincenzi, der im 17. Jahrhundert lebte, befindet sich in der Chiesa dei Santi Gesù e Maria. Die dort ausgestellten Mumien

Borgo Cerreto

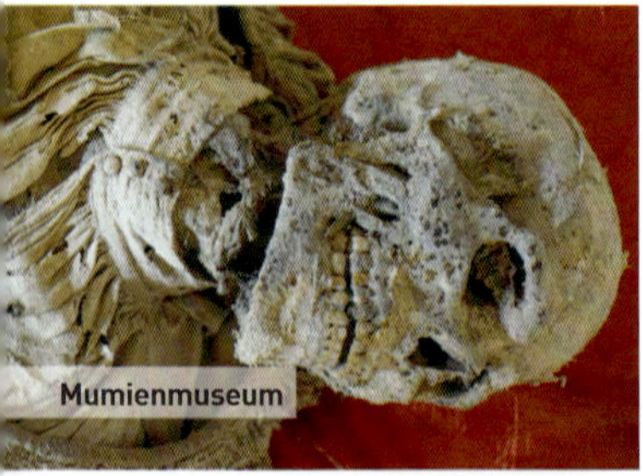
Mumienmuseum

stammen aus der Zeit zwischen dem 17. und 19. Jahrhundert und werden seit dem Jahr 2000 zu Forschungszwecken genutzt. In diesem kleinen Museum erfährt man mehr über Borgo Cerreto, Baronio Vincenzi selbst sowie die chirurgischen und anatomischen Praktiken der damaligen Zeit.

Agriturismo Santa Serena

Wer länger bleiben und die ursprüngliche Valnerina erleben möchte, der sollte die Fahrt hinauf zum Agriturismo Santa Serena in Kauf nehmen. In Giuseppe Piantamoris Bauernhaus kann man übernachten und am großen Pool das fantastische Bergpanorama genießen. Vor allem fühlt man sich bei diesem herzlichen Gastgeber schnell wie bei einem Freund.

Blick vom Agriturismo Santa Serena

Info

Lage: Vallo di Nera und Borgo Cerreto liegen in der Valnerina etwa 70 bzw. 80 Kilometer südöstlich von Perugia.

Aktivitäten.

- Chiesa di Santa Maria Assunta: Via S. Maria 7, 06040 Vallo di Nera, *umbriatourism.it/de/-/chiesa-di-santa-maria-assunta-vallo-di-nera-de*
- Centro di documentazione Baronio Vincenzi in der Chiesa dei Santi Gesú e Maria und Mumienmuseum: Besichtigung über die italienisch- und deutschsprachige Stadt- und Wanderführerin Sonia Cocciarelli (*soniacocciarelli.pg@gmail.com*) oder über das Museum, Via Cerretana, 06041 Borgo Cerreto; *museodellemummieborgocerreto.it*
- Wanderungen: von Vallo di Nera nach Sant'Anatolia di Narco 1,5 Stunden oder nach Castel San Felice eine Stunde; ab Parkplatz in Vallo di Nera ausgeschildert
- Festival del Ciarlatano (des „Scharlatans"): diverse Veranstaltungen jeden August in Cerreto di Spoleto (oberhalb von Borgo Cerreto!), *festivaldelciarlatano.it*
- Fior di Cacio: zweitägiges Käsefestival im Juni mit Kostproben und Kunsthandwerk in Vallo di Nera; *fiordicacio.com*

Einkehren und Übernachten:

- La Taverna del Bordone. Bar, Restaurant und kleiner Lebensmittelladen; Piazzale Pianillo Fantucci, Vallo di Nera, *tavernadelbordone.it*
- Agriturismo Santa Serena: nette Zimmer und Apartments, reichliches Frühstück und Abendessen mit hauseigenen Produkten, großer Pool mit fantastischem Bergblick, sehr freundliche Besitzer; sechs Kilometer von Borgo Cerreto bergauf, Frazione Macchia, Cerreto di Spoleto, *agriturismosantaserena.it*

Website: *umbriatourism.it/it/vallo-di-nera*

26 Valnerina

EINFACHE UND ABENTEUERLICHE RADTOUREN IN DEN BERGEN

Dort, wo früher die Eisenbahnlinie durch die Valnerina führte, kann man sich heute mit dem Fahrrad auf spektakuläre Aussichten über die Berge freuen sowie abenteuerliche Strecken durch unbeleuchtete Tunnel abfahren. Folgt man dem Radweg „Greenway del Nera“ wird daraus sogar eine Mehrtagestour.

Im Jahr 1926 wurde zwischen Spoleto und Norcia eine 52 Kilometer lange Eisenbahnstrecke über 24 Brücken und durch 19 Tunnel erbaut – eine Meisterleistung der damaligen Ingenieurskunst. Der heutige Radweg „Ex ferrovia Spoleto – Norcia" entlang der 1968 stillgelegten Bahnstrecke ist für diejenigen geeignet, die weder die Anstiege noch unbeleuchtete Tunnel scheuen. Da Teile davon beim Erdbeben 1997 zerstört wurden, ist nur der Teil zwischen Borgo Cerreto und Spoleto sowie zwischen Serravalle und Norcia zu befahren.

„Ex ferrovia" zwischen Sant'Anatolia di Narco und Spoleto

Neben herrlichen Naturerlebnissen kommt man durch einige hübsche Orte wie Sant' Anatolia di Narco mit seinem ungewöhnlichen Hanfmuseum oder Borgo Cerreto mit seinem Mumienmuseum, während immer wieder Befestigungsanlagen von den Bergen grüßen. Norcia ist bekannt für seine Trüffel und Wurstwaren, der Ort wurde allerdings sehr stark vom Erdbeben 2016 beschädigt.

Streckenabschnitt durch einen Tunnel

Den Höhepunkt stellt sicher die atemberaubende Fahrt auf engen Serpentinen und Tunneln zwischen Sant'Anatolia di Narco und Spoleto dar. Der längste, die Galleria Capra-reccia mit dem gleichnamigen alten Bahnhof, ist fast zwei Kilometer lang, aber offiziell nicht befahrbar. Spannender sind sowieso die anderen Tunnel davor, von denen sich ein paar spiralförmig nach oben schrauben – in vollkommener Dunkelheit! Nach einem beeindruckenden Blick auf Spoleto endet diese Tour am alten Bahnhof der Stadt, wo ein kleines Museum über die Geschichte der Eisenbahnlinie eingerichtet wurde. Natürlich darf ein Besuch von Spoleto und seinen Restaurants zum Abschluss nicht fehlen.

Wem die Tunnel zu abenteuerlich sind, der kann auf der „Ciclovia del Nera", einem Radweg ohne nennenswerte Steigungen entlang

Der Fluss Nera

der Nera, eine einfachere Tour zwischen Sant'Anatolia di Narco und der Cascata delle Marmore unternehmen und dies mit der Besichtigung der Wasserfälle kombinieren. Ein Stück dieses Radweges ist gleichzeitig Teil des Franziskuswegs und dementsprechend ausgeschildert.

Ciclovia del Nera

Kombinieren lässt sich diese Tour mit dem „Greenway del Nera", einem 180 Kilometer langen Rundweg. Er verbindet die Cascata delle Marmore mit dem Tal der Nera und interessanten Orten wie Cascia mit seiner Basilika zu Ehren der Heiligen Rita, der wichtigsten umbrischen Pilgerstätte nach Assisi. Im Museum des hübschen Bergdorfes Monteleone di Spoleto kann man man ein etruskisches Zweige

Zwischen Scheggino und Cascata delle Marmore

Die Autorin beim Radfahren

Wegweiser

spann, die „Biga", oder ehrwürdige „Palazzi" bestaunen. Auch auf dieser Tour warten herrliche Landschaften, aber auch nicht zu unterschätzende Steigungen.

Da sich diese drei Radwanderwege im Bereich Borgo Cerreto bis Cascata delle Marmore überschneiden, sind teilweise mehrere Wegweiser vorhanden. Generell ist die Beschilderung nicht immer klar, aber die grandiosen Touren sind es wert.

Info

Lage: Sant'Anatolia di Narco liegt zwölf Kilometer von Spoleto.

Radwege: meist auf Schotterwegen, teils auf Nebenstraßen oder durch Ortschaften

- „Ex Ferrovia Norcia – Spoleto": Borgo Cerreto – Spoleto circa 30 Kilometer, Serravalle – Norcia fünf Kilometer; *bikeitalia.it/spoleto-norcia-in-bici-lungo-la-vecchia-ferrovia*
- „Ciclovia del Nera": Sant'Anatolia di Narco –Cascata delle Marmore 28 Kilometer; *italybyevents.com/eventi/umbria/ciclovia-del-nera-valnerina/*
- „Greenway del Nera": Cascata delle Marmore – Tal der Nera – Norcia – Monteleone di Spoleto – Cascata delle Marmore 180 Kilometer; *lagreenwaydelnera.it*

Fahrradverleih und Tourenorganisation:

- „Ciclostazione Valnerina" im Agriturismo Zafferano e dintorni: Via degli Stazi, Castel San Felice, *zafferanoedintorni.it*

Aktivitäten:

- Cascata delle Marmore, Norcia und Spoleto siehe Tipp 30, 28 und 24, Museen und Kirchen: *lagreenwaydelnera.it* (hier unter „Beni culturali" – „I Musei" und „Le Chiese")
- Museum „Ex Ferrovia Spoleto-Norcia" im alten Bahnhof von Spoleto: Via Fratelli Cervi, 10, 06049 Spoleto; *proloco-spoleto.it/musei/museo-della-ferrovia-spoleto-norcia*
- Abtei San Felice und Mauro: *umbriatourism.it/de/-/abbazia-di-san-felice-e-mauro*

Einkehren und Übernachten:

- Agriturismo Zafferano e dintorni: Verkauf von hauseigenen Produkten wie Safran; Via degli Stazi, 06040 Castel San Felice, *zafferanoedintorni.it*
- Abbazia di San Felice e Mauro: Via della Parrocchia, Località Castel San Felice, 06040 Sant'Anatolia di Narco, *abbazia.net*

Website: *umbriatourism.it/de/-/ciclovia-ex-ferrovia-spoleto-norcia-en*

27 Scheggino

MITTELALTER, RAFTING UND TRÜFFEL IM TAL DER NERA

Wer mit dem Auto von Spoleto kommt, hat nach der Fahrt durch einen langen, düsteren Tunnel das Gefühl, in einer anderen Welt gelandet zu sein. Es warten eine eindrucksvolle Bergkulisse, hoch oben mittelalterliche Städtchen. Hier, in der Valnerina, sind viele Ortschaften um schutzspendende Befestigungsanlagen herum entstanden. Auch die kleine Gemeinde Scheggino.

Mag die Aussprache „skedschino" für ausländische Ohren fremd klingen, so macht der Name durchaus Sinn: Er bedeutet „kleiner Splitter", wegen der Felsen oberhalb der dreieckig angelegten Burganlage aus dem 13. Jahrhundert.

Trotz der großen Zerstörungen durch das Erdbeben von 1997 kann man heute wieder durch die mittelalterlichen Gässchen und Torbögen zwischen restaurierten Häusern schlendern. Am Infopoint vorbei führt der Weg nach oben bis zur Kirche des hiesigen Patrons San Nicolò. Hier sind Fresken aus dem 16. Jahrhundert zu bewundern, die einem angeblichen Schüler von Perugino, dem Maler Giovanni di Pietro, genannt „Lo Spagna", zugeschrieben werden.

Mit genügend Ausdauer erreicht man das ältere obere Ortsende „Capo la Terra", einen verfallenen Teil der Stadtmauer und den mittelalterlichen Turm, „Torre medievale". Als Belohnung wartet eine herrliche Aussicht über das Tal. Im 17. Jahrhundert wurde von hier oben die alte Straße überwacht, auf der Eisenerz von nahe gelegenen Minen in die hiesige Gießerei transportiert wurde. Das kleine Scheggino spielte somit eine strategische Rolle.

Gasse in Scheggino

Am Ende des Rundgangs wieder unten angelangt, stößt man auf einen kleinen Kanal, bevor man die Nera überquert und wieder am Haupt- und Parkplatz ankommt. Die bedeutende Rolle des Wassers wird hier schnell klar: Der Kanal diente einerseits zur Verteidigung, speiste aber auch eine Mühle und lieferte Wasser zur Wollverarbeitung.

Heute ist es die Nera, einer der saubersten Flüsse Italiens, die die Menschen mit ihrer ursprünglichen Natur anzieht. Sie entspringt in den Marken und mündet in den Tiber. Am besten erkundet man

Rafting in Scheggino

sie mit dem Kajak oder auf einer Raftingtour. Einer der ältesten Veranstalter in der Valnerina befindet sich neben der Brücke: „Pangea Centro Outdoor".

Auf seinen Touren erfährt man viel über die Flora und Fauna rund um die Nera sowie Interessantes aus der Umgebung. In Anspielung auf den Urkontinent Pangaea, dessen Name „alles ein Land" bedeutet, will das Team die entlegene Valnerina an Umbrien angliedern. Alle Touren sind für Anfänger und Familien sehr gut geeignet. Wer mehr Abenteuer erleben will, kommt auf einer der Canyoning-Touren auf seine Kosten, die im bergigen Hinterland durchgeführt werden. Anspruchsvollere Raftingtouren für Geübte oder Profis findet man bei anderen Veranstaltern ab Serravalle oder an den Wasserfällen, der Cascata delle Marmore. Wem gar nicht nach einem Abenteuer dieser Art ist, der kann entlang der Nera auch Forellen angeln.

Am Ende einer Tour lädt Pangeas schöner Picknickbereich direkt am Fluss zum Ausruhen ein. In der kleinen „Birreria" gibt es frisches Bier und den Logenblick auf Scheggino gratis dazu. Einen Cappuccino bekommt man am besten an der „Bar del Ponte" auf der anderen Seite des Flusses.

Interessant in Scheggino ist auch das kleine Trüffelmuseum, wo man alles über den Aufstieg der Familie Urbani sowie die Herstellung und Verarbeitung des „schwarzen Golds" Umbriens erfährt. Mit Niederlassungen auf der ganzen Welt ist das seit 1852 bestehende Unternehmen Urbani unter den Marktführern. Kurios: Ein ausgestelltes Dankesschreiben von Ronald Reagan, dem ein 1,1 Kilogramm großes Trüffelstück übersandt wurde. Und wer Lust auf Trüffel bekommen hat, kann selbst an einer organisierten „Trüffeljagd" teilnehmen und/oder sie in der Osteria Baciafemmine in Scheggino probieren.

Info

Lage: Scheggino liegt knapp 70 Kilometer südöstlich von Perugia.

Aktivitäten:

- Museo Tartufo Urbani, Trüffelmuseum: Piazza Carlo Urbani, 06040 Scheggino, *museodeltartufourbani.it urbanitartufi.it/museo-del-tartufo/*
- Pangea Centro Outdoor: Rafting, Kanu- und Canyoning-Touren, Piazza Carlo Urbani, 06040 Scheggino, *pangea-italia.com*
- Trüffeljagd: buchbar über das Unternehmen Urbani: *urbani.com/truffle-hunt*
- Mostra-mercato Scheggino „Diamante nero": Messe rund um den schwarzen Trüffel, jedes Jahr im April; *comunescheggino.it/il-diamante-nero/*
- Trüffelfeste jedes Jahr im Mai und Juni, diverse „Sagre" *comunescheggino.it/index.php/it/eventi*
- Markt: La Quarta di Scheggino: jeden vierten Sonntag im Monat; Lebensmittel und Kunsthandwerk, Piazza Carlo Urbani oder entlang der Via Di Borgo

Einkehren und Übernachten:

- Osteria Baciafemmine: bekannt für ihr Trüffelmenü in Gewölben aus dem 12. Jahrhundert; Via del Comune, 06040 Scheggino, *www.osteriabaciafemminescheggino.it*
- Hotel/Locanda del Ponte: Restaurant, Bar, Eisdiele und Hotel, typisch umbrische Trüffel- und Linsengerichte; Via di Borgo, 11, 06040 Scheggino, *hoteldelpontescatolini.com*
- Torre del Nera: Albergo diffuso, d. h. Wohnungen und Zimmer sind über den Ort „verstreut". Spa im Haupthotelgebäude mit herrlicher Aussicht; Via di Borgo, 72, 06040 Scheggino, *torredelnera.it*

Website: *umbriatourism.it/de/scheggino*

28 Piano Grande

ATEMBERAUBENDE HOCHEBENE VON CASTELLUCCIO

Für Naturliebhaber ist die Hochebene des Piano Grande im Nationalpark der Monti Sibillini sicher der Höhepunkt jeder Umbrienreise. Vor allem, wenn im Juni und Juli die Linsen sowie viele Wildblumen blühen und die Landschaft in einen farbenprächtigen Teppich verwandeln. Beinahe fühlt man sich nach Südamerika versetzt, so weit und unberührt präsentiert sich diese einmalige Natur.

Bereits die Fahrt von Norcia hoch über die kurvenreiche Straße zum Sattel Forca Canapine bietet herrliche Ausblicke über die Berge und zurück auf die Hochebene von Norcia. Doch das Panorama von dort oben stellt alles in den Schatten. Die Fahrt hinunter und durch den Piano Grande, an dessen Ende Castelluccio di Norcia oben auf einer Bergkuppe liegt, ist ein unvergessliches Erlebnis. Immer faszinierender wird es, immer bezaubernder erscheint diese menschenleere Gegend.

Verkauf am Stand

Nähert man sich allerdings dem kleinen Ort aus dem 13. Jahrhundert mit ehemals engen Gassen und Resten einer Stadtmauer sowie einer Befestigungsanlage, so bietet sich ein erschreckendes Bild: Seit dem Erdbeben 2016 stehen nur noch ein paar Häuser zwischen Geröll und Ruinen. Die Einwohner leben zum Teil in Containern oder verkaufen so ihre Waren, die berühmten Linsen, Hülsenfrüchte, Schinken und Wurstwaren der Gegend. Den-

Castelluccio

noch sieht es hier noch besser aus, als im wenige Kilometer entfernten Visso in den Marken, das völlig zerstört wurde.

An den Wochenenden zieht es gerade in den Sommermonaten viele Italiener aus den angrenzenden Regionen hierher, da es hier oben gut zehn Grad kälter ist als zum Beispiel in Rom. Dann platzt der Ort aus allen Nähten und auf der Anfahrtsstraße durch die Ebene stauen sich die Autos. Nicht wenige kommen mit dem Wohnmobil, um auf dem Parkplatz entlang der Straße zu übernachten. Daher empfiehlt es sich, während der Woche und möglichst früh am Morgen anzukommen, um die besondere Magie des Piano Grande voll auszukosten. Dann kann man in Ruhe zwischen den Wildblumen herumspazieren und sich dem Naturschauspiel vor dem Hintergrund des Monte Vettore hingeben.

Besonders schön ist der atemberaubende Blick auf die Hochebene vom Ortsrand Castelluccios aus, da die verschiedenen Farben der Felder von hier voll zur Geltung kommen. Wandert man linker

Blumenpracht am Piano Grande

Blick von Castelluccio

Hand weiter aus dem Ort hinaus am Hang entlang, so erreicht man einen Wald, der 1961 anlässlich der „Festa della Montagna" in der Form der Landkarte Italiens gepflanzt wurde. Zu erkennen ist dies jedoch nur unten von der Straße aus. Die umliegenden Berge sind ansonsten eher waldlos. Die Hochebene selbst ist ein großes Karstbecken, wo einst ein See lag und seit vielen Jahren Schafe weiden sowie Linsen angebaut werden.

Die faszinierenden Sibillinischen Berge lassen sich sehr gut auf einer mehrtägigen Mulitour näher erleben. Und wer ganz hoch hinaus möchte, der kann den 2476 Meter hohen Monte Vettore erklimmen. Allen anderen empfiehlt sich auf dem Rückweg ein Stopp in Norcia. Die Würste hier sind so berühmt dass der Begriff „Norcineria" gerade in Mittelitalien für „Metzgerei" gebräuchlich ist.

Das 604 Meter hoch gelegene Norcia, Geburtsstadt des heiligen Benedikt und Gründer des gleichnamigen Ordens, lag leider ebenfalls im Zentrum des Erdbebens 2016. Viele Gerüste zieren die Kirchen und Gebäude des Ortes, die Aufbauarbeiten

Geschäft in Norcia

Hülsenfrüchte

sind im Gange. Daher sind einige Geschäfte geschlossen und verkaufen außerhalb der Stadtmauern über Container. Auch scheinbar intakte Häuser tragen große Risse.

Die schmackhaften Würste, Schinken, Linsen, den schwarzen Trüffel oder andere Produkte wie Käse und Honig sollte man dennoch unbedingt probieren. Mehrere Geschäfte, Bars und Restaurants sind geöffnet.

Einige Kilometer außerhalb des Ortes lassen sich die „Marcite" erwandern. Sie wurden von benediktinischen Mönchen im 13. Jahrhundert angelegt, indem sie das Modell der Poebene nachahmten. Dort wurden bereits im Mittelalter Felder und Wiesen gleichmäßig durch unterirdische Kanäle bewässert. Das in der hiesigen Karstlandschaft unter der Erde ablaufende Wasser bildet kleine Bäche, die für eine permanente Bewässerung bei gleichbleibender Wassertemperatur sorgen. Daher ist es hier oben immer grün und es wachsen Wasserpflanzen wie zum Beispiel die Wasserlinsen.

Wer Zeit hat, könnte auf dem Rückweg ab Norcia durch eine ansprechende Berglandschaft über den schönen Hügelort Preci fahren. Es dauert länger, lohnt sich aber.

Info

Lage: Norcia liegt etwa 40, Castelluccio rund 70 Kilometer östlich von Spoleto.

Aktivitäten:

- Mulitouren: mehrtägige Esel- und Mulitouren durch die Sibillinischen Berge und die Valnerina; der äußerst hilfsbereite Roberto Canali spricht sehr gut Deutsch, *lamulattiera.it* oder *happydonkeytours.com*
- Wanderung auf dem Appenin-Höhenweg: Sentiero Europeo 1; *e1.hiking-europe.eu/e1/etappen/italien/umbrien*
- Wandern auf dem Cammino di San Benedetto: mehrere Etappen ab Norcia möglich; *camminodibenedetto.it/norcia/*
- Wandern in den Monti Sibillini: *italienwandern.de/umbrien-monti-sibillini*
- Mostra Mercato Tartufo Nero: Messe rund um den schwarzen Trüffel, jedes Jahr im Februar/März ; 06046 Norcia, *nero-norcia.it*

Einkehren und Übernachten:

- Locanda dè Senàri: uriges Restaurant mit einfachen Zimmern; Via della Bufera, 06046 Castelluccio, *agriturismosenari.it/*
- Agriturismo und Ristorante Monte Veletta: im Zentrum von Castelluccio; Via Sibilla, 9, 06046 Norcia, *norcia.agriturismocastelluccio.it*
- Il Collaccio: Agriturismo und Campingplatz mit Restaurant in idyllischer Lage mit herrlicher Aussicht, 20 Kilometer von Norcia; Località Collaccio, 06047 Preci, *ilcollaccio.com*

HINWEIS: In der Zeit der Linsenblüte im Juni und Juli ist die Anfahrt nach Castelluccio an bestimmten Sonntagen nur mit einem Shuttlebus („navetta") ab Norcia möglich; *comune.norcia.pg.it* (im Suchfeld navetta eingeben) und *umbriatourism.it/de/-/die-blüte-von-castelluccio-di-norcia* Wochenenden sollten generell gemieden werden.

Website: *umbriatourism.it/de/norcia*

29 San Pietro in Valle und Ferentillo

ZWISCHEN MYTHEN, KUNST UND NATUR

Hoch oben in den tiefgrünen Bergen der Valnerina erhebt sich ein Kloster wie aus dem Bilderbuch: San Pietro in Valle ist weithin bekannt wegen der antiken Kunstwerke in der gleichnamigen Kirche, als Filmkulisse, aber auch als exklusives Hotel, wo man heute in den ehemaligen Mönchszellen übernachten kann.

Der Legende nach flohen im 6. Jahrhundert n. Chr. 300 syrische Mönche nach Italien, da sie wegen ihres christlichen Glaubens verfolgt wurden. Der Papst schickte einige von ihnen in die Valnerina, um die damals heidnischen Einwohner zu bekehren. Unter ihnen befanden sich Lazarus und Johannes, die als Eremiten in einer Grotte lebten und einen römischen Tempel als Kirche nutzten. Nach Johannes' Tod bat Lazarus Petrus um Hilfe, woraufhin der Heilige dem Langobardenfürsten Faroald II. im Traum erschien und ihm auftrug, zusammen mit Lazarus ein Kloster zu bauen.

Langobardenaltar

Tatsächlich belegt ist die Gründung der Benediktinerabtei San Pietro in Valle im Jahre 720 n. Chr. durch eben jenen Faroald, dem damaligen Herzog von Spoleto. Nachdem er selbst Mönch geworden war, ließ er sich nach seinem Tod dort begraben. Diesem Beispiel folgten weitere Langobardenfürsten, deren Sarkophage sich ebenfalls in der kleinen Klosterkirche befinden. Der Zugang ist getrennt vom Hotel.

Einzigartig hier sind der Langobardenaltar „Ursus magester". Dargestellt wird die Bekehrung des Herzogs Hildericus, was die Unterstützung des Papstes sicherte. Szenen aus dem alten und neuen Testament erkennt man in den romanischen Fresken aus dem 12. Jahrhundert, die Giotto als Vorbilder für den Freskenzyklus der Franziskusbasilika in Assisi gedient haben sollen. Immerhin war San Pietro in Valle damals die größte Baustelle Umbriens, wo sich stilistische Neuheiten in der Malerei durchsetzten. Beispiele hierfür sind die dynamische Bewegung der Figuren und die Darstellung der Landschaft.

Der sympathische Archäologe und Wanderführer Sebastiano Torlini weiß viele Geschichten über die Valnerina und kennt den Weg zum benachbarten Umbriano, der ältesten Befestigung der Valnerina. Erbaut zwischen dem 8. und 9. Jahrhundert, diente sie als erste Verteidigungsanlage von San Pietro in Valle. Um die reiche Abtei zu sichern, entstanden damals über 40 Befestigungsanlagen in der Gegend. Da auch die Menschen in der Gegend Schutz suchten, ließen sich dort nieder, es entstanden kleine Orte, die „Borghi".

Hotel und Abtei San Pietro in Valle

Auf der einen Seite des Parkplatzes erreicht man die historische Unterkunft San Pietro in Valle. Das gehobene Hotel bietet Erholung und Wellness in einem authentischen Klosterambiente mit Frühstück im ehemaligen Refektorium. Sogar die Namen der Mönche, die dort lebten, sind an den Türen angebracht. Mehrfach wurde die Abtei als Schauplatz für italienische Historienfilme genutzt. Dazu wurden sogar Fresken im Stile der Franziskusbasilika in Assisi im Lesezimmer angebracht. Zuletzt entstand der Film „Dante" in Teilen hier.

Fresko in der Klosterkirche

Nahmen die Mönche damals Pilger und Händler auf, um sie zu bewirten, so folgen heute die Besitzer des Hotels, die Familie Costanzi, dieser Tradition mit großer Leidenschaft.

Im nahen Ferentillo sind eher sportliche Aktivitäten wie Klettern, Rafting oder Forellenangeln angesagt. Doch auch das Mumienmuseum in der Kirche Santo Stefano zieht die Touristen an. In der Krypta sind neben Schädel und Knochen 24 Mumien aus dem 16. bis 19. Jahrhundert mit Namen ausgestellt. Ob eher makaber oder beeindruckend entscheidet der Besucher selbst.

Info

Lage: San Pietro in Valle liegt etwa 5,5 Kilometer von Ferentillo und 22 Kilometer von Terni entfernt.

Sehenswertes:

- Sehr interessante Führungen auf Italienisch und Englisch bietet der Archäologe, Stadt- und Wanderführer für die Valnerina, Sebastiano Torlini, an; *sebastianotorlini@gmail.com*.
- Klosterkirche San Pietro in Valle: Führungen vor Ort; Via dell'Abbazia, 05034 Ferentillo, *www.mummiediferentillo.it/chiesa-abbaziale-2/*
- Mumienmuseum: in der Krypta der Kirche Santo Stefano; Via della Torre, 3, 05034 Ferentillo, *www.mummiediferentillo.it/mummie*
- Castello Fantasma/Burgruine Umbriano: von Macenano zu Fuß erreichbar, 2,6 Kilometer. Direkter Blick auf die gegenüberliegende Abtei San Pietro in Valle, *visitferentillo.it/blog/portfolio/anello-lungo-umbriano/*
- Ferentillo: *visitferentillo.it*

Einkehren und Übernachten:

- Ristorante Alloro: exquisite umbrische Küche im ehemaligen Refektorium der Abtei/Hotel San Pietro in Valle, 05034 Ferentillo, *sanpietroinvalle.com/service/ristorante*
- Relais San Pietro in Valle Residenza d'Epoca: 4-Sterne-Hotel in fantastischer Lage, Via dell'Abbazia, 05034 Ferentillo, *sanpietroinvalle.com*
- Ristorante und Casa Piermarini: sehr gutes Restaurant und Hotel, das auch Trüffeljagden und Kochkurse organisiert; Via Fosso Ancaiano, 23, 05034 Ferentillo

Website: *umbriatourism.it/de-DE/-/abbazia-di-san-pietro-in-valle-a-ferentillo*

30 Cascata delle Marmore

ÜBERWÄLTIGENDE WASSERFÄLLE

Weiß wie Marmor spritzt die tosende Gischt aus großer Höhe herunter. Und genau diesem Eindruck verdankt die Cascata delle Marmore ihren Namen. Als höchste künstlich angelegte Wasserfälle Europas ziehen sie wahre Touristenströme an. Dennoch sind sie einen Besuch unbedingt wert.

Ursprünglich wollten die Römer Sümpfe im sogenannten Tal von Rieti trockenlegen, in denen sich die Malaria verbreitete. Als klar wurde, dass es sich eher um eine Ebene mit einem Fluss handelte, der sich mit seinen Nebenflüssen durch das „Tal" schob, wurde 275 v. Chr. ein Kanal angelegt. Der Fluss Velino stürzte daraufhin über den Kanal hinunter in den Fluss Nera. Nach vier Jahren waren die Arbeiten abgeschlossen, deren Ergebnis man heute sehen kann: In drei Stufen donnern gewaltige Wassermassen aus einer Höhe von insgesamt 165 Meter in die Tiefe.

Blick vom „Belvedere Inferiore"

Seit dem Jahr 2000 gibt es hier einen Park, in dem man auf Wanderwegen sowohl die Natur als auch die dreistufigen Wasserfälle erleben kann. Allerdings wird das Wasser täglich stundenweise abgedreht, da die Wasserkraft seit dem frühen 20. Jahrhundert zur Stromgewinnung genutzt wird. Die Zeiten variieren monatlich und sollten im Internet vorab überprüft werden. Die Gesamtansicht erlebt man erst, wenn man Eintritt zahlt und über den unteren Eingang „Belvedere Inferiore" den Park betritt.

Ab hier besonders zu empfehlen sind die gut ausgeschilderten Wanderwege Nr. 2 und 4. Während Weg Nr. 2 über Holzbrücken in kurzer Zeit an die zweite Stufe des Wasserfalls führt – und man ohne Regenmantel ordentlich nass wird – kann man auf Weg Nr. 4 nach 35 Minuten Aufstieg alle drei Stufen des Wasserfalls vom „Belvedere Pennarossa" bewundern.

Wanderweg zur zweiten Stufe

Auf Weg Nr. 3 lassen sich geübte Kajakfahrer auf der Nera und der Zusammenfluss von Velino und Nera beobachten. Anspruchsvoller und nicht direkt am Wasserfall entlang führt Weg Nr. 1 in circa 40 Minuten zum oberen Aussichtspunkt „Belvedere Superiore". Nr. 6 ist wohl der schwierigste Wanderweg, der den oberen Aussichtspunkt mit dem unteren Ticketbereich verbindet und sich am besten eignet, um die Flora und Fauna im Park näher zu erleben (60 Minuten Aufstieg). Er wird auch von Pilgern begangen, die dem Franziskusweg folgen.

Eine Alternative zur Wanderung wäre die Fahrt mit dem Auto hoch zum Ort Marmore. Vom Parkplatz am oberen Parkeingang „Belvedere Superiore" sind es nur ein paar Minuten zu Fuß zum Aussichtsturm „Torre della Specola", von wo aus man hinunter auf Terni und hinüber auf den oberen Teil der Wasserfälle blickt. Selbst wenn man kurz nach dem Abdrehen des Wassers kommt, ergibt das immer langsamer fließende Rinnsal ein hübsches Bild. Die Eintrittskarte gilt auch hier oben.

Um den Tag an ruhigeren Gewässern zu beschließen, bietet sich ein Abstecher zum nur vier Kilometer entfernten Lago di Piediluco an. Hier kann man den See umrunden und im hübschen Ort Piediluco bei einem Aperitivo oder einem Eis auf der Terrasse der Bar del Colle den Blick über den See schweifen lassen.

Info

Lage: Die Wasserfälle Cascata delle Marmore liegen knapp acht Kilometer außerhalb von Terni und 750 Meter von Marmore.

Aktivitäten:

- Rafting Marmore: nur für geübte Kajakfahrer; Via Carlo Neri, 28, 05100 Papigno (Terni), *raftingmarmore.com*

Einkehren und Übernachten:

- Osteria della Cascata: typisch umbrische Küche; Via Valnerina, 46, 05100 Terni, *osterialacascata.it*
- Il Casolare della Cascata: einfache Zimmer und Wohnungen in der Nähe der Wasserfälle; Strada Provinciale 209, 66, 05100 Terni, *ilcasolaredellacascata.com*
- Borgo San Valentino: ein sehr schönes Albergo diffuso mit Restaurant „Osteria dello sportello"; bei diesem Hotel liegen die Zimmer im historischen Zentrum von Casteldilago „verstreut"; fünf Kilometer von den Wasserfällen, Via dello Sportello, 2, Casteldilago Arrone, 05100 Terni, *borgosanvalentino.it*
- Bar del Colle: Bar und Eisdiele, hübsche Lage direkt am See, tolle Snacks zum Aperitif; circa acht Kilometer von den Wasserfällen entfernt, Piazza della Resistenza, 8, 05100 Piediluco – Lago di Piediluco, *caffetteria-bar-del-colle.business.site*
- Hotel Miralago: direkt am See gelegen mit Restaurant und Pool, einfache Zimmer; Via Noceta, 2, 05038 Piediluco, *miralagohotel.net*

Website: *cascatadellemarmore.info*

HINWEISE:

- Am besten bucht man die Tickets vorab online, um Wartezeiten zu vermeiden.
- Die Wasserfälle sind vor allem an den Wochenenden und während der italienischen Ferien stark besucht.

Orvieto und das südliche Umbrien

Blick von Narni aufs Hinterland

Orvieto und das südliche Umbrien

31. Orvieto: rund um den Tuffstein
32. Todi: die ideale Stadt?
33. Carsulae: archäologischer Park in abgeschiedener Lage
34. Amelia: Reise in die Vergangenheit
35. Convento della Santissima Annunziata: nicht nur für Liebhaber der Natur und Sterne
36. Olivenöl: Besuch bei einer Ölmühle in Amelia
37. Narni: schaurige Unterwelt und mehr
38. Stifone: außergewöhnliche Flusslandschaft in der Schlucht der Nera
39. Ponte Cardona: römisches Aquädukt und geografisches Zentrum Italiens
40. Convento Sacro Speco: heilige Höhle in Panoramalage

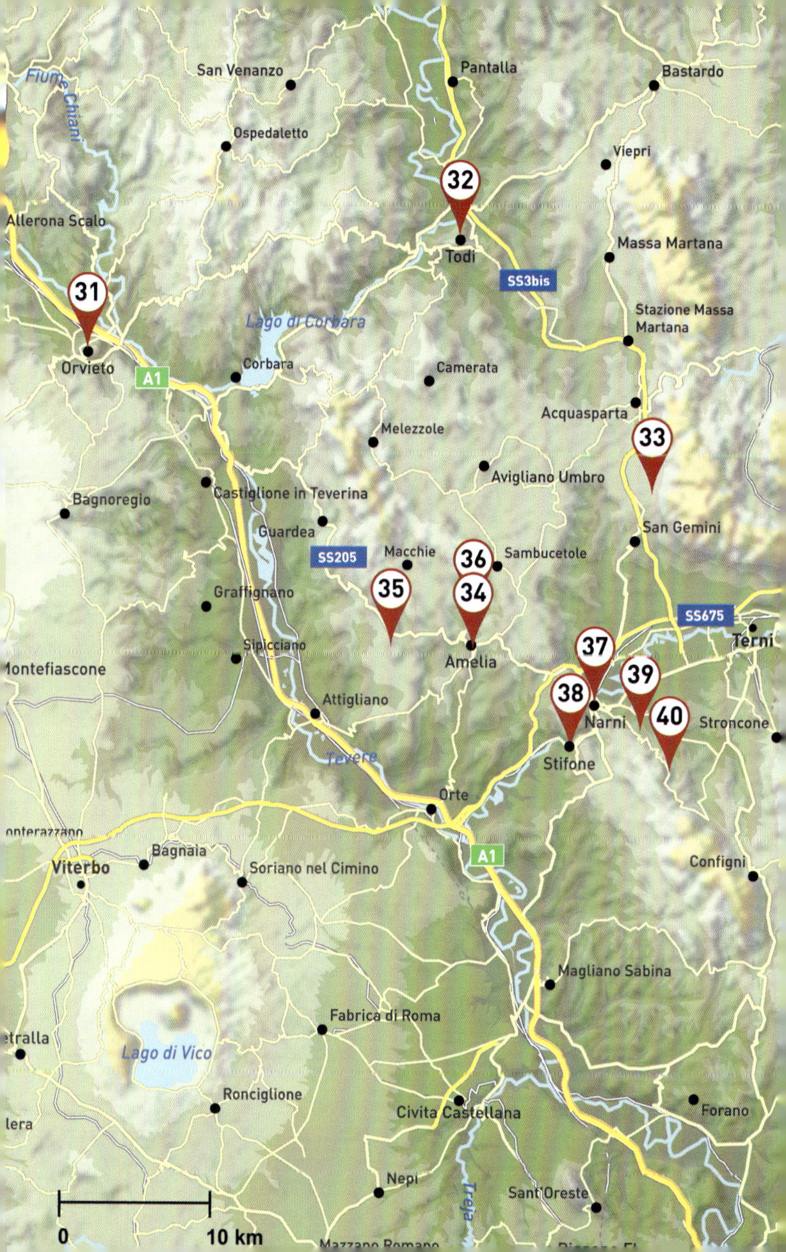
San Venanzo
Pantalla
Bastardo
Fiume Chiani
Ospedaletto
Viepri
32
Allerona Scalo
Todi
Massa Martana
31
SS3bis
Lago di Corbara
Stazione Massa Martana
Orvieto
A1
Corbara
Camerata
Acquasparta
Melezzole
33
Avigliano Umbro
Bagnoregio
Castiglione in Teverina
Guardea
San Gemini
SS205
Macchie
36
Sambucetole
35
34
Graffignano
SS675
Terni
Sipicciano
Amelia
37
Montefiascone
39
38
Narni
40
Attigliano
Stroncone
Stifone
Tevere
Orte
Viterbo
Bagnaia
Soriano nel Cimino
A1
Configni
Magliano Sabina
Fabrica di Roma
Lago di Vico
Ronciglione
Forano
Civita Castellana
Nepi
Treja
Sant'Oreste
0
10 km

31 Orvieto

RUND UM DEN TUFFSTEIN

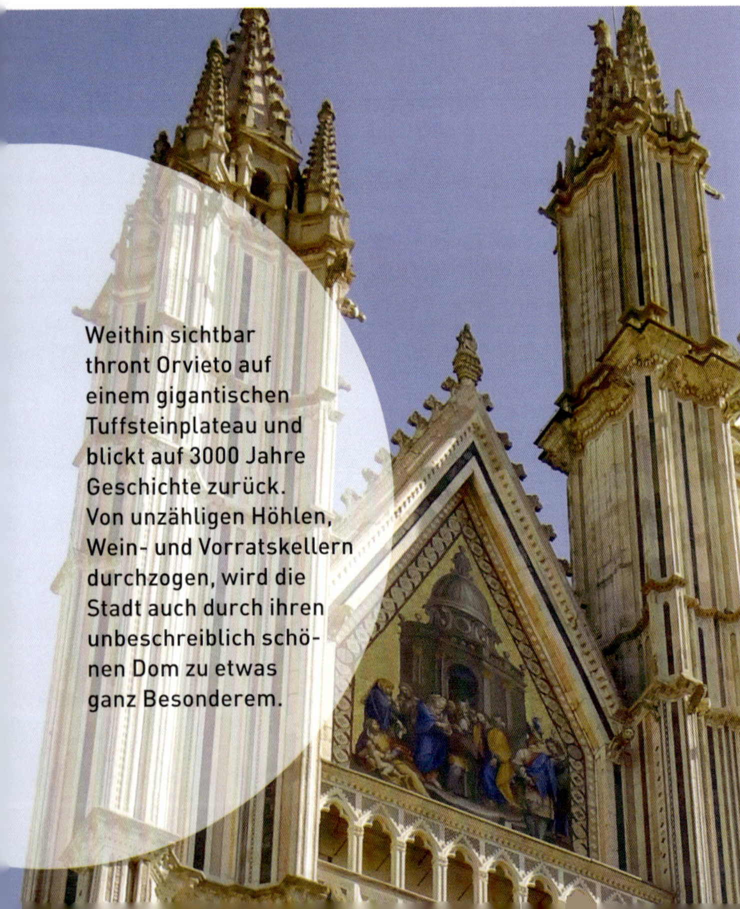

Weithin sichtbar thront Orvieto auf einem gigantischen Tuffsteinplateau und blickt auf 3000 Jahre Geschichte zurück. Von unzähligen Höhlen, Wein- und Vorratskellern durchzogen, wird die Stadt auch durch ihren unbeschreiblich schönen Dom zu etwas ganz Besonderem.

Orvieto sticht durch seine außergewöhnliche Lage auf einem riesigen Tuffsteinfelsen hervor. Hier bauten die Etrusker zwischen dem 7. und 3. Jahrhundert v. Chr. die Stadt Volsinii und hinterließen Umbriens besterhaltene Nekropole des „Crocifisso del Tufo". Der Name geht auf das Kreuz zurück, das in eine Felskapelle geritzt wurde. Auf einem aussichtsreichen Spazierweg rund um das Plateau kann man die Grabkammern aus dem 6. Jahrhundert v. Chr. von oben einsehen oder direkt besichtigen.

Beginnen kann man den Rundweg „Anello della Rupe" an der Endstation der Seilbahn im Park der Festung Albornoz, von wo sich ein herrlicher Blick über das Pagliatal bietet. Von der Festung aus dem 14. Jahrhundert sind allerdings nur noch Teile erhalten. Der Weg beginnt etwas unterhalb nach dem gewaltigen Tor und führt linker Hand bis zur Nekropole und weiter.

Doch zuvor lohnt unbedingt der Besuch des direkt an der Seilbahn gelegenen Pozzo di San Patrizio. Mit einem Durchmesser von circa zwölf Metern und einer Tiefe von 53 Metern windet

Rocca Albornoziana

Anello della Rupe

sich dieser Brunnen spiralförmig in zwei begehbaren Gängen nach unten. Früher trugen Maultiere Wasserkrüge hinauf und hinunter, um die Versorgung der Bevölkerung im Fall einer Belagerung sicherzustellen. Seinen Bau befahl Papst Clemens VII im Jahr 1527, nachdem er sich während der Plünderung Roms nach Orvieto geflüchtet hatte.

Wer nicht die ganze Runde um den Felsen machen möchte, der kann kurz vor der Nekropole in die mittelalterliche Altstadt mit ihren engen Gassen abbiegen.

Hier liegt etwas versteckt das Restaurant der Familie Di Mario, die in ihrem Keller eine interessante Führung durch das „Labyrinth von Adriano" anbietet. Die unterirdischen etruskischen

Alessandra Beretta vom Labirinto di Adriano

Gänge, Getreidesilos und Brunnen sind teils mit Skulpturen dekoriert worden und werden heute noch als Weinkeller genutzt. Auf circa 400 Quadratmetern wandert man durch eine ganz eigene Welt, bevor man mitten im Restaurant wieder herauskommt. Sehr leckere, typisch umbrische Gerichte runden das Erlebnis perfekt ab.

Labirinto di Adriano

Unglaublicherweise gibt es in ganz Orvieto über 1000 Keller, die in das vulkanische Gestein gegraben wurden und in denen wegen der konstanten Temperatur vor allem Wein gelagert wird. Da die Etrusker aus Angst vor den Römern ihren Hügel nicht verlassen konnten, mussten sie außerdem zahlreiche Brunnen anlegen und sich selbst versorgen. In Höhlen lagerten sie Nahrungsmittel oder hielten mithilfe von Fluglöchern im Tuffstein Tauben. Einen sehr guten Eindruck davon bekommt man auf einer Tour durch die unterirdische Stadt, „Orvieto Underground", die neben dem Dom beginnt. Noch mehr über die Etrusker erfährt man im Museum „Claudio Faina e Civico" oder im archäologischen Museum, ebenfalls neben dem Dom.

Das Wahrzeichen und beeindruckendste Bauwerk der Stadt ist und bleibt der Dom Santa Maria Assunta. Die von Skulpturen und farbenfrohen Mosaiken überzogene Fassade zusammen mit dem schwarzweiß gestreiften Hauptschiff bilden eine der schönsten Kirchen Italiens. Der Bau begann 1290 auf Befehl von Papst Nikolaus IV im Anschluss an

Cattedrale di Santa Maria Assunta

das „Wunder von Bolsena" 1263. Damals tropfte während einer Messe im nahe gelegenen Bolsena Blut von einer Hostie auf ein Altartuch. Die Reliquie befindet sich im Dom.

In seinem Inneren fallen gestreifte Pfeiler aus schwarz-weißem Marmor auf. Doch die Krönung ist wohl der gewaltige Freskenzyklus „Das letzte Gericht" des großen Renaissance-Malers Luca Signorelli in der Cappella di San Brizio, die als Vorbild für Michelangelos Fresken in der Sixtinischen Kapelle diente. Nackte Körper quälen sich realistisch aus Löchern in der Erde und lassen das Ende der Welt im Stile der Göttlichen Komödie Dantes eindrucksvoll auferstehen. Drei Selbstbildnisse sind in den Fresken versteckt: Linker Hand schaut Signorelli aus einem Rundbild heraus, während er sich gleichzeitig als einer der Herren im schwarzen Gewand rechts darüber zeigt, mitten in den gequälten Menschenleibern dann der Maler als schwarzer Teufel.

Berühmt ist die Stadt auch wegen ihres Weißweins, dem Orvieto Classico, des erstklassigen Olivenöls und für ihre Keramikarbeiten, die man in vielen Geschäften in der Altstadt findet.

Keramik

Info

Lage: Orvieto liegt etwa 80 Kilometer südlich von Perugia.

Aktivitäten:

- Rocca Albornoziana: Park, Via Postierla, 301, 05018 Orvieto
- Pozzo di San Patrizio: Eingang neben der Seilbahn; Piazza Cahen, 5B, 05018 Orvieto, *museionline.info/tipologie-museo/pozzo-di-san-patrizio*
- Anello della rupe: Spazierweg rund um Orvieto am Tuffsteinplateau entlang, insgesamt fünf Kilometer; *orvietoviva.com/anello-della-rupe*
- Il Labirinto di Adriano: Via della Pace, 26, 05018 Orvieto, *labirintodiadriano.com*
- Orvieto Underground: Piazza Duomo, 23, 05018 Orvieto, *orvietounderground.it/index.php/de*
- Museo Claudio Faina e Civico und Museo Civico Archeologico: im Palazzo Faina, Piazzo Duomo, 29, 05018 Orvieto, *museofaina.it*
- Markt: Donnerstags- und Samstagvormittag auf der Piazza del Popolo, 05018 Orvieto
- Keramikgeschäfte entlang des Corso Cavour und der Via del Duomo

Einkehren und Übernachten:

- Il Labirinto di Adriano: qualitativ hochwertiges und typisch umbrisches Essen. Via della Pace, 26, 05018 Orvieto, *labirintodiadriano.com*
- La Grotta: typische Trattoria mit traditionellen Gerichten in Domnähe, touristisch aber gemütlich, auch Plätze im Freien; Via Luca Signorelli, 5, 05018 Orvieto, *trattorialagrottaorvieto.com*
- B&B Ripa Medici: sehr zentral gelegen, gemütliche Zimmer mit Aussicht; Vicolo Ripa Medici, 14, 05018 Orvieto, *ripamedici.com*

Website: *umbriatourism.it/de/orvieto*

HINWEIS: Ab dem Bahnhof fährt eine Standseilbahn (Funicolare) hoch in die Altstadt. Dort oben kann man an der Caserma Piave auch parken

32 Todi

DIE IDEALE STADT?

Hat laut einer italienischen Studie die Region Umbrien die beste Lebensqualität in Bezug auf Sicherheit, Gesundheit, Wohlstand und Freizeitmöglichkeiten zu bieten, so wurde gerade Todi in den 1990er-Jahren von einem amerikanischen Professor zur lebenswertesten Stadt der Welt erklärt.

Die hoch über dem Tibertal gelegene Kleinstadt ist gut zu Fuß ab dem Parkplatz an der Kirche Santa Maria della Consolazione zu entdecken. Neben dem weiten Blick über das Umland beeindruckt dieses Vorzeigebauwerk aus dem 16. Jahrhundert des italienischen Malers und Baumeisters Donato Bramante.

Santa Maria della Consolazione

Die Gründung Todis geht jedoch auf das 8. oder 7. Jahrhundert v. Chr. zurück. Von seiner langen Geschichte zeugen der dreifache Mauerring aus der Zeit der Umbrer, Etrusker und Römer sowie diverse Stadttore.

Direkt gegenüber der imposanten Kirche beginnt ein kleiner Spazierweg durch den Wald des „Parco della Rocca", der seit 2019 der inzwischen verstorbenen Künstlerin Beverly Pepper gewidmet ist. Die amerikanische Ehrenbürgerin Todis hat sich hier in 17 großen Skulpturen aus verschiedenen Materialien wie Metall oder Stein verewigt. Den Serpentinen nach oben folgend kann

Skulpturen von Beverly Pepper

man die geometrischen Formen genauer betrachten und auf Bänken eine Pause einlegen. Oben angelangt prägen hohe, stählerne Säulen der Bildhauerin das Areal vor der „Rocca", der Festung, bevor man die Kirche von San Fortunato erreicht.

Chiesa di San Fortunato

200 Jahre Bauzeit hinterließen hier Werke aus der Romanik, Gotik sowie der Renaissance. Allerdings blieb der obere Teil der Fassade wohl aus Geldgründen unvollendet. Die „Tudertini" oder „Todini", die Einwohner Todis, lieben ihre Kirche dennoch, ist sie doch dem Stadtpatron San Fortunato geweiht. Er ist zusammen mit vier weiteren Schutzheiligen sowie dem im Mittelalter berühmten Poeten Jacopone da

Todi in der Krypta begraben. Sehenswert ist das Fragment eines Marienfreskos von Masolino da Panicale in der vierten Seitenkapelle rechts. Und wer einen Rundumblick von hoch oben haben möchte, der sollte auf den „Campanile", den Glockenturm, steigen.

Beim Verlassen der Kirche über die monumentale Treppe geht es anschließend vorbei am Teatro Comunale durch mittelalterliche Straßen bis zum Zentrum und höchsten Punkt der Stadt, der Piazza del Popolo. Die Paläste der Stadtverwaltung aus dem 13. bis 14. Jahrhundert bilden zusammen mit dem Dom Maria Santissima Annunziata ein harmonisches Gesamtbild: Palazzo dei Priori, Palazzo del Capitano und Palazzo del Popolo. Mehrere Bars laden zum Verweilen ein, schließlich gilt dieser Platz als einer der schönsten Italiens.

Interessant ist die Tatsache, dass sich hier das frühere Forum Romanum befand und ein System aus unterirdischen Zisternen die Wasserversorgung der Stadt sicherstellte. Die „Cisterne Romane" lassen sich heute noch besichtigen.

Piazza del Popolo

Wer allerdings dem Mittelalter und den Römern entfliehen möchte, der sollte ab dem Dom der Beschilderung zur „Casa Dipinta" des irischen Künstlers Brian O'Doherty folgen. Er öffnet seit 2018 sein Ferienhaus für Touristen, um ihnen einen Blick in seine bunte Welt zu eröffnen: Geometrische Formen und Wörter in antiker keltischer Sprache machen das Haus aus dem 19. Jahrhundert zu einem Gesamtkunstwerk.

Eine Pause wert ist die hinter der Piazza del Popolo gelegenen Piazza Garibaldi: einerseits wegen des herrlichen Blicks auf die Stadt, andererseits wegen der leckeren „Panini" im urigen „Grottino", die vor den Augen der Gäste zubereitet werden. Ob gegrillte Wurst, Gemüse oder „Porchetta", ein mit Kräutern gefülltes Spanferkel: Sowohl Einheimische als auch Touristen kommen hier auf ihre Kosten. Wein gibt es gratis dazu!

Blick von der Piazza Garibaldi auf Todi

Info

Lage: Todi liegt etwa 40 Kilometer südlich von Perugia

Aktivitäten:

- Parco di Beverly Pepper: Eingang gegenüber der Kirche Santa Maria della Consolazione; Viale della Vittoria, 6, 06059 Todi, *fondazioneprogettibeverlypepper.com/en/lavori/beverly-pepper-sculpture-park-todi-umbria*
- Chiesa di San Fortunato mit Turm: Piazza Umberto I, 06059 Todi, *todi.org/san_fortunato_it.html*
- Cisterne Romane: Via del Monte, 06059 Todi, *coopculture.it/it/poi/cisterne-romane-di-todi*
- La Casa Dipinta: etwas versteckt, aber ausgeschildert nahe Piazza del Popolo. Via delle Mura Antiche, 25, 06059 Todi, *coopculture.it/it/poi/casa-dipinta-di-todi/#55*
- Todi Festival: jedes Jahr Ende August/Anfang September werden eine Woche lang Theaterstücke, Filme und Konzerte aufgeführt; *todifestival.it*
- Schöne Keramikgeschäfte auf und in den Straßen um die Piazza del Popolo

Einkehren und Übernachten :

- Il Grottino: bei Einheimischen beliebte, sehr leckere „Paninoteca", Panini mit Bratwurst und/oder gegrilltem Gemüse; Piazza Garibaldi, 9, 06059 Todi, *ilgrottino.eatbu.com*
- Ristorante-Pizzeria Cavour: typisch umbrische Küche, schöne Terrasse mit Aussicht; Corso Cavour, 21, 06059 Todi, *ristorantecavourtodi.com*
- Hotel Fonte Cesia : historisches 4-Sterne-Hotel im Zentrum, Via Lorenzo Leoni, 3, 06059 Todi, *fontecesia.it*

Website: *umbriatourism.it/de/todi*

HINWEIS: Parken auch an der Porta Orvietana möglich, dann mit der Drahtseilbahn hoch in die Altstadt.

33 Carsulae

ARCHÄOLOGISCHER PARK IN ABGESCHIEDENER LAGE

Während römische Ausgrabungsstätten wie Pompei weltweit bekannt sind, ist das entlegene Carsulae eher ein Geheimtipp. Dabei warten hier auf einem weitläufigen Gelände die Überreste einer ganzen römischen Stadt!

Dank der 220 v. Chr. erbauten Via Flaminia, die Rom mit der Adria verband, entwickelte sich entlang dieser Straße Ende des 3. Jahrhunderts v. Chr. das Handelszentrum Carsulae, das seinen Höhepunkt zur Zeit von Kaiser Augustus erlebte. Deutlich lassen sich noch die Spurrillen der Wagen auf den Steinen erkennen, während man durch die Überreste streift.

Reste der Via Flaminia

Seit 1951 sind die Restaurierungsarbeiten – trotz Unterbrechungen – weiter im Gange, sodass man dank Schautafeln sowie einer zweisprachigen App mit dreidimensionalen Rekonstruktionen sehr schön in die Römerzeit eintauchen kann. Nur die heißen Sommermonate sollte man meiden, da das Gelände wenig Schatten bietet.

Nachdem die Stadt wahrscheinlich wegen eines Erdbebens verlassen und auf diesem Gebiet nicht mehr gebaut wurde, sind die Reste der wichtigsten öffentlichen Gebäude gut zu erkennen: das politische, religiöse, Verwaltungs- sowie Handelszentrum des Forums mit der Basilika, die als Gerichtshof diente, zwei Zwillingstempel sowie Zisternen und Wohnhäuser. Das kreisförmige Amphitheater war Austragungsort der Spiele der Gladiatoren, während das halbkreisförmige Theater den Schauspielern zur Darbietung von Komödien und Tragödien vorbehalten war. Mithilfe von vorhandenen Graffitis lassen sich sogar die Latrinen eindeutig identifizieren:

Forum Romanum

Kirche der Heiligen Cosmas und Damian

Bogen von Damian

Damals wie heute hinterließen die Toilettenbesucher nämlich Schimpfwörter an den Wänden.

Die kleine Kirche auf dem Areal wurde im 11. Jahrhundert n. Chr. aus dem Material der Ausgrabungsstätte erbaut und den Heiligen Cosmas und Damian gewidmet. Von ihrer Tätigkeit als Ärzte zeugen eine Pillendose und eine Zange, die auf einem Fresko aus dem 14./15. Jahrhundert zu erkennen sind.

Verlässt man die Stadt durch den „Bogen von San Damiano", so trifft man auf kleine und große Grabdenkmäler. Einige Fundstücke befinden sich im kleinen Museum des Informationszentrums, andere sind im archäologischen Museum in Perugia ausgestellt.

Wer nach dem ein- bis zweistündigen Rundgang Lust auf mehr Ausgrabungen bekommen hat, der kann die imposanten Reste der 33 Kilometer südlich gelegenen römischen Stadt Ocriculum nahe der Stadt Otricoli besuchen. Sie war der letzte vor Rom errichtete Hafen am Tiber.

Blick auf die Kirche

Info

Lage: Carsulae liegt etwa 15 Kilometer nördlich von Terni, vier Kilometer von San Gemini.

Adresse: Archäologischer Park und Museum, Strada di Carsoli, 8, 05100 Terni

Aktivitäten:

- Ocriculum: Archäologischer Park und Museum; Via Flaminia, Km. 69, 05030 Otricoli, *otricoliturismo.it/parco-archeologico*

Einkehren und Übernachten:

- Ristorante Pesciaioli: rustikales Restaurant, Spezialität: „Pizza sotto lu focu", wird direkt auf den Steinen des Ofens gebacken. Bei Einheimischen beliebtes Lokal; Piazza Guiseppe Verdi, 4, 05021 Acquasparta, *ristorante-sorellepesciaioli.it*
- Agriturismo Il Poggio del Sole: nette Zimmer in sehr schöner Natur, knapp sieben Kilometer von Carsulae; Località Collepizzuto, 100, 05029 San Gemini, *ilpoggiodelsole.net*

Websites:

- *umbriatourism.it/de/-/parco-archeologico-di-carsulae*
- *carsulae.site*

HINWEIS: Entlegene Gegend mit schlechten Straßen! Unbedingt Schildern statt Navi-Angaben folgen!

34 Amelia

REISE IN DIE VERGANGENHEIT

Amelia fasziniert durch ihr ursprüngliches Stadtbild mit einem Gewirr aus engen Gassen und nur wenig renovierten Gebäuden aus dem Mittelalter oder der Renaissance. Eine Autofahrt durch eines der Stadttore aus der Römerzeit mitten ins Zentrum gleicht einem Abenteuer. Es ist definitiv entspannter, die Stadt zu Fuß zu erkunden.

Inmitten herrlicher Natur, geprägt von Steineichenwäldern und Olivenhainen, liegt Amelia hoch über der Schlucht des Rio Grande. Ihr Name geht zurück auf König Ameroe, der sie laut einer Legende im 12. Jahrhundert v. Chr. gründete. Wahrscheinlicher ist, dass die ersten Einwohner sich im 10. oder 11. Jahrhundert v. Chr. hier niederließen. Zur römischen Kaiserzeit wurde sie zum blühenden Handelszentrum, im Mittelalter stellte die nahe Via Amerina eine wichtige Verbindungsstraße zwischen Rom und dem Exarchat Ravenna dar, nachdem die Langobarden 568 n. Chr. in Italien eingefallen waren.

Teil der Stadtmauer

Als eine der ältesten Städte Umbriens umgeben sie heute noch imposante, polygonale Mauern aus der Zeit um das 4. bis 3. Jahrhundert v. Chr., die im Mittelalter nochmals verstärkt wurden. Wundersamerweise halten die unregelmäßig großen Steinblöcke immer noch, obwohl sie wie aus Zyklopenhand einfach aufeinandergestapelt wurden. Man spricht daher auch von „zyklopischen Mauern".

Straße in Amelia

Betritt man das Stadtzentrum durch die Porta Romana und folgt der Via della Repubblica, so erreicht man bald das archäologische Museum samt

Pinakothek in einem ehemaligen Franziskanerkloster. Neben Fundstücken aus der vorrömischen Zeit bis hin zum Mittelalter ist ein Video interessant, welches das Amelia der Römerzeit anschaulich zeigt. „Star" des Museums ist jedoch Germanicus, die Bronzestatue eines Feldherrn aus der römischen Kaiserzeit, die 1963 beim Ausbau einer Mühle entlang der alten Via Amerina entdeckt wurde.

Direkt neben dem Museum liegt die romanisch-gotische Kirche San Francesco. Hat man das Glück an einem Samstagmorgen hier zu sein, so kann man sich auf dem Bauernmarkt im Kreuzgang mit typischen Produkten aus der Region eindecken.

Überhaupt lädt die Via Repubblica mit ihren kleinen Geschäften zum Bummeln, Einkaufen und Essen ein. Während der Mittagszeit lockt die Käserei „ConVitto" mit Direktverkauf und Restaurant zum Essen: Drinnen oder auf einer schönen Terrasse im Freien lassen sich hausgemachte Pasta und mehr genießen.

Blick auf Amelia vom Dom

Ein paar Häuser weiter kann man sich in der „Antica Gelateria Girotti“ samt dazugehöriger Bar und Pasticceria Russo gegenüber eine Nachspeise genehmigen. In Erinnerung an die frühere Eisdiele seines Großvaters hat hier der berühmteste Einwohner Amelias, Terence Hill, zusammen mit seinem Sohn Jess 2017 eine eigene Eisdiele eröffnet. Filmplakate erinnern an die Erfolge des italo-amerikanischen Schauspielers, Regisseurs, Drehbuchautors und Filmproduzenten, der mit bürgerlichem Namen Mario Girotti heißt. Inzwischen lebt er wieder in Amelia, wo er aufgewachsen ist.

Den Namen Girotti trägt auch eine Spezialität Amelias, die „Fichi Girotti“, eine Süßigkeit aus getrockneten Feigen und Früchten mit Schokolade. Sie wird seit 1820 vertrieben und kann im kleinen Lebensmittelgeschäft auf der Via della Repubblica oder online bezogen werden.

Torre Campanaria

Weiter oben in der Stadt, direkt unter dem ehemaligen Forum, der Piazza Matteotti, ist eine große römische Zisterne aus dem 1. Jahrhundert v. Chr. zu besichtigen. Bis zum Zweiten Weltkrieg wurde hier das Regenwasser zur Versorgung der Stadtbevölkerung gesammelt. Durch ein ausgeklügeltes System konnte es nie über ein bestimmtes Niveau steigen und zur Reinigung abgelassen werden. Heute noch befinden sich in einigen Privathäusern Zisternen aus der Römerzeit.

Am höchsten Punkt der Stadt mit dem Dom und dem zwölfeckigen Stadtturm, der „Torre Campanaria" wartet eine herrliche Aussicht auf das Umland. Das lässt sich noch steigern, wenn man den engen Turmaufstieg nicht scheut. Begonnen 1050, wurde er bis zum 18. Jahrhundert immer wieder bis auf gut 30 Meter aufgestockt und diente mal als Gefängnis, mal als Glockenturm.

Zurück nach unten sollte man wieder zur Piazza Matteotti und von dort zum Teatro Comunale gehen, um zur Porta della Valle zu gelangen. Ab hier bieten sich Spazierwege entlang der Mauern an: entweder zurück zur Porta Romana und um die ganze Stadt herum oder hinunter in Richtung Fluss zum „Parco del Rio Grande". Beide Wege lohnen sich, bieten sie doch schöne Blicke auf die trutzige Stadt und die Hügel um Amelia.

Spazierweg rund um Amelia

Info

Lage: Amelia liegt rund 25 Kilometer von Terni.

Aktivitäten:

- Museo Archeologico e Pinacoteca: Piazza Augusto Vera, 10, 05022 Amelia, *museionline.info/musei/museo-archeologico-e-pinacoteca-di-amelia*
- Torre Civica/Torre Campanaria: Stadtturm; Via del Duomo, 25, 05022 Amelia, *turismoamelia.it/it/esplora-amelia/monumenti-storici/torre-campanaria*
- Cisterna Romana: begehbare römische Zisterne; Piazza Giacomo Matteotti, 75, 05022 Amelia, *ameliamusei.it/cisterna-romana*
- Palio dei Columbi: Mittelalterfest jedes Jahr im August; *paliodeicolombi.it*
- Markt: Samstagvormittag Bauernmarkt im Kreuzgang von San Francesco, Piazza Augusto Vera 11; Montagvormittag großer Markt mit Allem, Via Rimembranze, 49, Piazzale del mercato

Einkehren und Übernachten:

- ConVitto: Käserei mit Verkauf eigener Produkte sowie Restaurant (nur mittags geöffnet), Terrasse mit schönem Blick; Via Farrattini, 27, 05022 Amelia, *convitto1980.it*
- Antica Gelateria Girotti und Bar/Pasticceria Russo gegenüber: Via della Repubblica, 49, 05022 Amelia, *gelateriagirottigroup.com*
- Il Rapastella: exzellentes, biologisches Home-Restaurant auf dem Land, nur mit Anmeldung; Strada di Scendone 1, 05022 Amelia, rapastella-home-restaurant.business.site
- Agriturismo La Palombara: circa drei Kilometer außerhalb von Amelia, hübsche Apartments und Pool; Via Tuderte Amerina, 16, Amelia; *la-palombara.it*

Website: *umbriatourism.it/de/amelia*

HINWEIS: großer Parkplatz an der Piazza XXI Settembre

35 Convento della Santissima Annunziata

NICHT NUR FÜR LIEBHABER DER NATUR UND STERNE

In der zu Amelia gehörenden Gemeinde Montenero liegt das Konvent Santissima Annunziata, ein ansprechendes Ausflugsziel in einem schönen Park mit jahrhundertealten Steineichen, einem Planetarium, kleinem Museum sowie einer ganzjährigen Krippe.

Zum ersten Mal 1373 erwähnt, war das heutige Franziskanerkloster zuerst von den Clareni und später von den Observanten bewohnt – Ordensgruppen, die die Regel von Franziskus nach seinem Tod radikaler auslegten. Über Jahrhunderte Rückzugs- und Ausbildungsort für Novizen, ist das Konvent heute offen für Pilger, Familien oder Gruppen, die hier abschalten oder in der herrlichen Natur wandern möchten.

Blick auf die Loggia

Anders als in den meisten Klöstern befinden sich sowohl die Kirche als auch die beiden Kreuzgänge innerhalb der Klostermauern, sodass dieser Ort so sicher wie eine Festung war und ist. Noch immer können die wenigen dort lebenden Ordensbrüder ganz für sich sein, sobald sie die Tore schließen. Eine gewisse Unabhängigkeit gewährleisteten bereits beim Bau des Gebäudes ab dem 14. Jahrhundert im Kellergewölbe installierte Zisternen. Durch Leitungen miteinander verbunden, konnte und kann das Regenwasser effizient gesammelt und genutzt werden.

Am besten erkennt man sie im Keller, wo ein kleines Museum für Geräte aus dem bäuerlichen Leben eingerichtet wurde. Kurios ist hier der „Prete", der sogenannte „Priester". Diese schlittenähnliche Holzvorrichtung ermöglichte es, das Bett mithilfe von heißen Kohlen in einer Pfanne vorzuwärmen, ohne einen Brand zu verursachen.

„Prete" rechts an der Wand

Malerisch ist das Panorama von der Loggia im ersten Stock über das Valle Infernaccio bis hin zum Monte Soratte. Bruder Stefano

Loggia im 1. Stock

oder Bruder Andrea erzählen gerne anschaulich vom Leben im Kloster, dem selbst angebautem Obst und Gemüse im eigenen Garten oder den hier gehaltenen Tieren. Auch warum der weite Blick möglich ist: Der heilige Franziskus wollte es, dass die Ordensbrüder nicht – wie die Mönche – zurückgezogen lebten, sondern in die Welt hinauszogen. Getreu seiner Aussage „Unser Kreuzgang ist die Welt", besaßen ab dem 13. Jahrhundert einige Franziskanerklöster Kreuzgänge, die auf einer Seite offen waren. Beispiele hierfür sind auch die ehemaligen Einsiedeleien Eremo delle Carceri bei Assisi sowie Sacro Speco bei Narni. Außerdem entstanden damals die Konvente, wo Ordensbrüder gemeinschaftlich zusammenlebten.

In diesem Kloster wird sozusagen die „Welt" eingeladen, wenn im einzigartigen Planetarium Veranstaltungen organisiert werden. Oder aber, wenn Gäste hier übernachten und zusammen essen. Im für die Ordensbrüder vorbehaltenen Refektorium sieht man übrigens ein schönes, ausgefallenes Fresko von 1518: Unterhalb des Abendmahls schauen nur noch die Füße eines Mönchs heraus. Der Rest wurde übermalt, da der Mönch als Reformator bei den franziskanischen Brüdern in Ungnade gefallen war.

Klosterkirche

Bevor man das Kloster verlässt, lädt eine ständige Krippenausstellung des Spaniers Don Juan Marì Oliva zur Besichtigung ein. Die Gipsfiguren aus dem Jahr 1965 stellen das Leben Christus von seiner Geburt bis zu seinem Tod dar.

Zum Abschluss bieten sich diverse Spazierwege an: entweder hinunter zum Rio Grande und weiter nach Amelia oder entlang des ausgeschilderten Fernwanderwegs „Cammino della luce", dem „Weg des Lichts".

Info

Lage: Das Kloster liegt etwa vier Kilometer östlich von Amelia. Amelia liegt rund 25 Kilometer von Terni.

Adresse: Strada Annunziata, 3, 05022 Amelia

Aktivitäten:

- Weg des Lichts/Cammino della Luce: Der 220 Kilometer lange Fernwanderweg führt von Perugia nach Rom hier entlang, vorbei an Teilen der alten Römerstraße Via Amerina. Ab der Hauptstraße ausgeschildert durch die Weinberge; *camminodellaluce.it*
- Wanderung Richtung Rio Grande und circa drei Kilometer weiter bis zum Fußballplatz von Amelia

Einkehren und Übernachten:

- Übernachtung im Konvent: Mindestaufenthalt zwei Nächte, Selbstverpflegung, Gemeinschaftsbad, Heizung vorhanden; *casaannunziata.org* oder *info@csaannunziata.org*
- Ristorante Montenero: in der Umgebung sehr bekannt und beliebt wegen seiner bezahlbaren, bodenständigen Küche; Strada Amelia Giove, 115, 05022 Amelia, *umbriadancing.com/menu/ristorante-montenero*

Website: *conventosantissimaannunziata.org*

HINWEISE:

- Konvent, Museum und Planetarium sind nur nach Anmeldung zu besichtigen: *info@conventosantissimaannunziata.org*, Führungen auf Italienisch, Englisch und Französisch
- Der Eingang zur Krippenausstellung ist rechts neben der Klosterkirche.

36 Olivenöl

BESUCH BEI EINER ÖLMÜHLE IN AMELIA

Der Herbst ist die Zeit der Ernte, wenn die Bauern ihre Oliven zum Pressen in die Mühlen, die „Frantoi", bringen. Dort werden auch Führungen, Verkostungen und diverse Aktivitäten angeboten wie zum Beispiel bei „Il Frantoio" der Familie Suatoni in Amelia.

Das umbrische Olivenöl ist bekannt wegen seiner exzellenten Qualität, weshalb Umbrien 1997 als erste Region Italiens die Auszeichnung DOP, Denominazione di origine protetta, erhielt. Es sind das günstige Klima und die Bodenbeschaffenheit, die den Säuregehalt der Oliven beim Reifeprozess niedrig halten.

Francesco Suatoni

Das größte Anbaugebiet Umbriens mit 1,5 Millionen Pflanzen ist die von Olivenhainen geprägte Landschaft zwischen Assisi und Spoleto, die sogenannte „Fascia olivata". Auch die Hügel um Spoleto, Orvieto, am Lago Trasimeno und den Colli Martani bei Montefalco, Bevagna und Torgiano werden zur Olivenölproduktion genutzt. Die Gegend um Amelia und Narni ist ein kleines Anbaugebiet, in dem vor allem eine Olivensorte, die „Cultivar Rajo", vorherrscht.

In Amelia produziert seit 1949 die Familie Suatoni hochwertiges kalt gepresstes Olivenöl „extra vergine" in Bioqualität. Die Oliven werden per Hand geerntet und in den Monaten Oktober und November kann man direkt zuschauen, wie das grüne Öl aus den Pressen fließt. Bei der anschließenden Verkostung wird klar, wie unterschiedlich Olivenöl schmecken kann. Das Unternehmen Suatoni ist Teil der Initiative „Frantoi aperti", der umbrischen Ölmühlen, die vor allem im Herbst ihre Türen für Besucher öffnen und verschiedene Aktivitäten anbieten.

Ölverkostung

Olivenbaum an der „Fascia Olivata"

Olivenernte bei Suatoni

Frisch gepresstes Olivenöl

Die meisten Olivenbäume Umbriens sind 500 bis 600 Jahre alt, aber nicht alle haben den großen Kälteeinbruch 1956 überlebt. Damals fehlte so viel Olivenöl, dass die Bauern begannen, Sonnenblumen zur Ölgewinnung anzubauen. Immerhin sollte es einige Jahre dauern, bis sich die Ernte erholt hatte. In den 1980er-Jahren schließlich wurden die gesundheitsförderlichen Anteile des Olivenöls entdeckt, sodass es sich seitdem noch größerer Beliebtheit erfreut.

Ursprünglich kam das Olivenöl durch die Phönizier circa 1200 v. Chr. über Griechenland und Sizilien nach Italien. Bereits die alten Römer erkannten Qualitätsunterschiede und gaben das schlechtere Öl der auf den Boden gefallenen Früchte den Sklaven, während das qualitativ beste Öl für den König vorbehalten war. Im Laufe der Zeit verbesserten sie Anbautechnik und Lagerung unter anderem mithilfe von Amphoren. Schöne Beispiele hierfür lassen sich im umfangreichen Ölmuseum der Stiftung Lungarotti in Torgiano bestaunen. Hier lernt man auch, dass das Öl im Mittelalter sogar zur Beleuchtung der Straßen und zur Herstellung von Seifen genutzt wurde.

Alle Kälteeinbrüche im Laufe der Jahrhunderte hat der 1700 Jahre alte Olivenbaum „Ulivo di Sant'Emiliano" in Trevis Ortsteil Bovara überstanden. Er ist einer der ältesten Olivenbäume Italiens und wurde nach dem Märtyrer und Bischof der Stadt Trevi benannt. Hier befindet sich ebenfalls ein, wenn auch kleineres, Ölmuseum.

Info

Lage: Amelia liegt rund 25 Kilometer von Terni.

Adresse: Il Frantoio di Suatoni, Via delle Rimembranze, 82, 05022 Amelia

Aktivitäten:

- Neben den Führungen und Verkostungen werden von der Ölmühle das ganze Jahr über auch Aktivitäten wie Wanderungen oder Eselstouren durchgeführt.
- MUVIT und MOO: Wein-, Oliven- und Ölmuseum der Stiftung Lungarotti, Palazzo Graziani Baglioni, Corso Vittorio Emanuele II, 31, bzw. Via G. Garibaldi, 10, 06089 Torgiano, *muvit.it*
- Museo della Civiltà dell'Ulivo: Museum über den Olivenanbau; Via Lucarini, 06039 Trevi, *museitrevi.it/museo-della-civilta-dellulivo*

Websites:

- *ilfrantoio.com*
- Alles Wissenswerte über umbrisches Olivenöl, den „Ulivo di Sant'Emiliano" und die Orte entlang der „Fascia olivata" zwischen Assisi und Spoleto: *fasciaolivata.it*
- Informationen zu Ölmühlen, Unterkünften, Restaurants, Events entlang der umbrischen „Ölstraßen": *stradaoliodopumbria.it*
- Veranstaltungen der Ölmühlen: *frantoiaperti.net*
- Öl-, Wein- und kulinarische Infos und Touren rund um Amelia: *amerinotipico.it*

37 Narni

SCHAURIGE UNTERWELT UND MEHR

Die kleine Stadt am südlichen Ende Umbriens hat durch „Die Chroniken von Narnia" des irischen Autors C. S. Lewis eine gewisse Berühmtheit erlangt. Doch die ehemals römische Kolonie „Narnia" gibt es tatsächlich. Faszinierend sind der mittelalterliche Stadtkern und die Unterwelt.

Kommt man mit dem Zug an, so wirkt der moderne Ortsteil Narni Scalo eher enttäuschend. Kaum lässt sich hier erahnen, welche Besonderheiten die mittelalterliche Altstadt auf 240 Meter Höhe zu bieten hat. Ihr Name geht zurück auf den Fluss Nahar, heute die Nera, die sich in einer beeindruckenden Schlucht unterhalb der Stadt entlang zieht.

Bei der Anreise mit dem Auto aus Perugia führt eine moderne Brücke an den Resten einer sehr alten vorbei: die Augustusbrücke, die Ponte di Augusto, ein gigantisches Überbleibsel der großen Bauvorhaben unter Kaiser Augustus.

Die wichtigsten Kirchen der Stadt, San Francesco und San Domenico, sowie die Kathedrale San Giovenale entstanden dagegen erst im 12. Jahrhundert zusammen mit den Stadtteilen, die sich heute den Bergrücken entlang ziehen. Alljährlich treten Vertreter der Stadtteile zu Ehren des Stadtpatrons San Giovenale beim berühmten Pferderennen „Corsa all'Anello" gegeneinander an.

Blick auf die Schlucht der Nera

Piazza Garibaldi, Narni

Vom Parkplatz „Parcheggio storico" lässt sich die Altstadt bequem mit einem Lift erreichen. Unter der Piazza Garibaldi liegt bereits ein Teil der Unterwelt: der „Lacus", eine große Zisterne, in der im Mittelalter das Regenwasser zur Versorgung der Stadt gesammelt wurde. In ihr hat der Archäologe aus Narni, Roberto Nini, eine Art unterirdischen Klettergarten mit Aktivitäten rund um das Thema Wasser eingerichtet: „Narni Adventures".

Noch interessanter wird es jedoch in der Ausgrabungsstätte „Narni Sotterranea" ein paar Straßen weiter. In den Kellergewölben des ehemaligen Dominikanerklosters Santa Maria Maggiore hatte nämlich von 1551 bis 1860 die römische Inquisition ihren Sitz. Davon zeugen immer noch eine Folterkammer sowie eine Gefängniszelle.

Narni Adventures

Entdecker dieser unterirdischen Räume ist eben jener Roberto Nini, ein passionierter Höhlenforscher, der 1979 beim Klettern mit Freunden ein Loch im größtenteils zerstörten Kloster inspizierte. Als er in ein Augenpaar starrte, wurde er neugierig und stieg hinein. Es lohnte sich, denn im Nachhinein entpuppte es sich als Teil eines Freskos in einer Kirche aus dem 13. Jahrhundert.

Narni Sotterranea

Es sollte 15 Jahre dauern, bis der Kulturverein „Narni Sotterranea" mithilfe vieler Freiwilliger – allen voran der heutige Direktor Roberto Nini – ihre unterirdischen Entdeckungen für Besucher zugänglich machen konnte. Heute ist alles, auch eine römische Zisterne sowie archäologische Fundstücke, durch die authentische Einrichtung samt Beleuchtung perfekt in Szene gesetzt. Interessante Erklärungen und anschauliche Rekonstruktionen per Video tragen ihren Teil dazu bei.

Außerdem erfährt man einiges über das römische Aquädukt Formina außerhalb der Stadt und somit wiederum über das Thema

Wasserversorgung. Die Führung endet in der heutigen Kirche San Domenico, unter der sich die unterirdischen Räume befinden. Sie wird seit den 1960er-Jahren als Auditorium genutzt.

Blick auf San Cassiano

Bevor man in die Unterwelt hinabsteigt, bietet sich von den öffentlichen Gärten „Giardini San Bernardo" ein weiter Blick übers Tal und nach San Cassiano. Auch vor dem Eingang zum unterirdischen Narni sieht man nochmals hinüber zu dieser Abtei aus dem 10. Jahrhundert, die malerisch eingebettet in den Wäldern des Monte Santa Croce liegt.

Palazzo dei Priori

Nach diesem kleinen Abenteuer kann man noch die nahe gelegene romanische Kirche Santa Maria Impensole besuchen. Oder aber – am Palazzo Comunale und Palazzo dei Priori vorbei – entlang der „Hauptstraße" Narnis, der Via Garibaldi, mit ihren Geschäften und Lokalen schlendern.

Wer noch Energie hat, erreicht auf einem kleinen Spaziergang in circa 20 Minuten die über der Stadt gelegene Rocca Albornoz. Die schöne Natur inklusive Aussicht bietet sich perfekt für ein Picknick an. Diese militärische Festung wurde im 14. Jahrhundert von Kardinal Albornoz für den Papst erbaut, der damit seine Macht demonstrieren wollte. Das ehemalige Gefängnis mit seinem Mittelaltermuseum kann besichtigt werden.

Auf jeden Fall sollte man auf dem Rückweg zum Parkplatz einen Blick ins Theater „Teatro Comunale Giuseppe Manini" werfen: Hier wurde eine Gasse in das Bühnenbild integriert, sodass man vom Zuschauerraum aus direkt auf „echte" mittelalterliche Gebäude blickt.

Info

Lage: Narni liegt etwa 85 Kilometer nördlich von Rom und 13 Kilometer südwestlich von Terni.

Aktivitäten:

- Narni Sotterranea: vorherige Reservierung erforderlich; Via San Bernardo, 12, 05035 Narni, *narnisotterranea.it*
- Lacus/Narni Adventures: vorherige Reservierung erforderlich; Piazza Garibaldi, 05035 Narni, *narnisotterranea.it/narniadventures-2*
- Teatro comunale Giuseppe Manini: Via Garibaldi, 29, 05035 Narni, *teatromanini.com*
- Rocca Albornoz: netter Spaziergang ab der Piazza Garibaldi über die Via del Monte, Museum und Pinakothek; *turismonarni.it/cosa-vedere/citta-di-narni/rocca-albornoz*
- Corsa all'Anello: Pferderennen in historischen Kostümen, bei dem der Reiter bei vollem Galopp einen Ring aufspießen muss, jedes Jahr Anfang Mai; *corsallanello.it*
- Markt: Donnerstagvormittag Wochenmarkt mit Lebensmitteln in Narni, Piazza dei Priori und Freitagvormittag großer Markt mit allem in Narni Scalo, Piazza Luchino Visconti/Piazza del Mercato

Einkehren und Übernachten:

- I Ghibellini: Restaurant und (abends) Pizzeria, gute umbrische Küche, kleine Terrasse mit herrlicher Aussicht; Via Belvedere 4, 05035 Narni
- Casale Valigi: schön in der Natur gelegenes Hotel mit Charme und Pool, moderne, stilvolle Zimmer; circa drei Kilometer von Narni, Strada di Colombata, 11, 05035 Narni, *casalevaligi.it*

Website: *umbriatourism.it/de/narni*

HINWEIS: Parkplatz „Parcheggio storico" am Ortseingang, von dort mit Lift in die Altstadt; Bus ab Bahnhof Narni-Amelia (Ortsteil Narni Scalo).

38 Stifone

AUSSERGEWÖHNLICHE FLUSSLANDSCHAFT IN DER SCHLUCHT DER NERA

Die Schlucht des Flusses Nera, die Gole del Nera, kann man am besten mit dem Fahrrad oder zu Fuß entdecken. Nicht nur das: Am Anfang trifft man auf Reste einer enorm großen römischen Brücke, bevor es in die ursprüngliche Natur geht.

Diese Tour beginnt am Parkplatz nahe der Ponte di Augusto bei Narni Scalo. 27 v. Chr. von den Römern erbaut, verstärkte die Brücke die alte Via Flaminia, die Rimini mit Rom verband. Auch wenn heute nur einer der ursprünglich vier gigantischen Bögen übrig geblieben ist, so lässt sich immer noch erahnen, um welch grandioses Bauwerk es sich damals handelte. Zu seiner Zerstörung trugen im Laufe der Jahrhunderte ein heftiges Erdbeben sowie mehrere Überschwemmungen bei. Die malerisch im Grünen gelegenen Überreste inspirierten ab dem 18. Jahrhundert internationale Maler auf ihrer Reise durch Italien.

Ponte di Augusto

Ab hier folgt man dem ausgeschilderten Radweg, der „Pista ciclabile", auf einem breiten, relativ flachen Kiesweg entlang der ehemaligen Eisenbahnlinie Spoleto-Norcia in Richtung Montoro. Zwischen den immergrünen Hügeln voller Steineichen und Aleppo-Kiefern geht es durch zwei breite Tunnel und immer wieder kann man über das intensive Blau der Nera staunen. Der Fluss wechselt seine Farben von smaragdgrün bis azurblau, je nachdem wo gerade unterirdische Quellen vorhanden sind.

Stifone

Nach circa vier Kilometern taucht am anderen Ufer die Ortschaft Stifone mit größtenteils verlassenen Häusern aus dem 14. bis 16. Jahrhundert auf. Überquert man die dortige Fußgängerbrücke, so lassen sich im glasklaren Wasser die Fundamente verfallener Gebäude erkennen, man fühlt sich wie in eine andere Zeit versetzt. Zwischen allem wuchern Sträucher und Büsche, die die Blautöne noch zu unterstreichen scheinen.

Stifone

Am besten folgt man nun zu Fuß einem schmalen Pfad am Fluss an den letzten Häusern vorbei. Nach kurzer Zeit wartet eine faszinierende Szenerie: Zwischen Resten eines ehemaligen Wasserkraftwerks sprudelt es an mehreren Stellen aufgrund der unterirdischen Quelle, Sorgente della Morica, die früher zum Betreiben von Mühlen genutzt wurde. Der tiefe Blick hinunter in das glasklare Wasser ist märchenhaft schön. Hier kann man im ausgewiesenen Bereich – und nur an dieser Stelle – baden. Da die Anzahl der Besucher begrenzt wird, muss man sich vorher anmelden und Eintritt zahlen.

Ehemaliges Wasserkraftwerk und Badeplatz Sorgente delle Moríca

In dieser Gegend liegt auch, von Büschen überwuchert, ein ehemaliger römischer Hafen samt Werft. Dieser Bereich ist für den Tourismus allerdings nicht erschlossen, der Weg endet hier.

Fußgängerbrücke in Stifone

Wieder zurück im Ort Stifone und auf der anderen Seite der Brücke, kann man dem Radweg noch ein Stück weiter bis Le Mole folgen. Die kleine, idyllische Lagune und eventuelle Badende hier sollten jedoch nicht täuschen: So einladend es auch erscheinen mag, so ist es hier zum Baden zu gefährlich und offiziell verboten. Grund dafür ist das heutige Wasserkraftwerk, das diesen Bereich immer wieder flutet.

Nur im Sommer gibt es in Stifone und Le Mole einen kleinen Imbiss, ansonsten findet man auf der ganzen Strecke weder Bars noch Restaurants. Die Gegend ist sehr ursprünglich und wenig ausgeschildert, außerhalb der Sommermonate ist hier nichts los. Das garantiert ein wahrhaftiges kleines Abenteuer!

Blick auf die Nera

Info

Lage: Stifone liegt 7,5 Kilometer südlich von Narni.

Aktivitäten:

- Ponte di Augusto; Via Tre Ponti, 05035 Narni
- Wandern oder Radfahren ab Ponte di Augusto; hier parken oder in 10 Minuten zu Fuß ab Bahnhof Narni-Amelia (Narni Scalo)
- Radverleih „Noleggio bici": Bici Gole del Nera Capotosti im B&B Nonna Anita; Via Tuderte, 467, 05035 Narni Scalo, *noleggio-bici-gole-del-nera-le-mole.business.site*

Einkehren und Übernachten:

- Bar-Ristoro-Trattoria „Da Nicoletta": einfache, aber gute Küche, schön entlang der Straße durch die Schlucht von Narni nach Stifone gelegen; Via Ortana, 120, 05035 Narni, *facebook.com/DaNicolettaNarni/*
- In Stifone öffnen im Juli und August die Cantine Silori und betreiben einen Imbiss (Centro Stifone, 05035 Narni), in Le Mole öffnet dann auch ein kleiner Imbiss
- Agriturismo Colle Abramo delle Vigne: oberhalb der Schlucht im Ortsteil Vigne di Narni gelegen, sehr gut ausgestattete, ansprechende Apartments mit offenem Kamin, schöner Pool, sehr zuvorkommende Besitzer; Strada di Colle Abramo, 34, 05035 Vigne di Narni, *colleabramo.it*

Websites:

- *stifone.it*
- *umbriatourism.it/de/-/stifone-en*

HINWEIS: In den Sommermonaten empfiehlt es sich, unbedingt den Shuttleservie ab Bahnhof Narni-Amelia (Narni Scalo) oder ab Montoro nach Stifone zu nutzen. Ansonsten liegt ein kleiner Parkplatz versteckt hinter den Büschen an der Via Ortana (nicht ausgeschildert)

39 Ponte Cardona

RÖMISCHES AQUÄDUKT UND GEOGRAFISCHES ZENTRUM ITALIENS

Wenige Kilometer außerhalb Narnis liegt nach genauen Berechnungen aus den 1990er-Jahren das geografische Zentrum Italiens – wenn auch unscheinbar im Wald versteckt. Wesentlich interessanter ist die daneben gelegene Ponte Cardona, eine verwitterte Brücke in einem ursprünglichen Wald, durch die ein Teil des Acquedotto Romano della Formina führt.

Entweder zu Fuß ab der Piazza dei Priori in Narni oder mit dem Auto erreicht man einen Parkplatz, auf dem das „Centro d'Italia" groß ausgeschildert ist. Ein kurzer, aber schöner Spaziergang führt ab hier durch die mediterrane Macchia: Eichen, Steineichen, Steinbuchen und Aleppo-Kiefern säumen den Weg. Letztere ist eine der ältesten Baumarten Umbriens, wurde sie doch im 5. bis 6. Jahrhundert von syrischen Mönchen eingeführt, die in Umbrien Zuflucht suchten. Es waren eben jene Mönche, die das Christentum in die Valnerina brachten.

Wanderweg zum Zentrum Italiens

Der einfache Wanderweg bietet zum Teil weite Ausblicke auf den Lago dell'Aia und die Umgebung. Das Zentrum Italiens selbst erkennt man nur an einem unscheinbaren Stein auf einem kleinen Felsen. Direkt daneben führt der Weg über die Brücke Ponte Cardona, die eine kleine, urtümlich anmutende Schlucht überspannt.

Blick auf den Lago dell'Aia

Das Zentrum Italiens

Roberto Nini von „Narni Sotterranea" im Aquädukt Formina

In die Brücke integriert ist ein Teil des im 1. Jahrhundert n. Chr. erbauten Aquädukts Formina.

Auf einer Länge von 13 Kilometern führt das Bauwerk bei gleichmäßigem Gefälle an den Hügeln entlang und durchquert mit seinen Tunneln drei Berge zwischen Narni nach Sant'Urbano, um in einem großen Wasserreservoir zu enden. 55 Brunnen, 139 Zugangsstellen und sieben Quellen versorgten über ein Netz aus Wasserleitungen und unterirdischen Gängen bis 1924 Narni und sein Umland mit Wasser. Von all den Brücken, die die Wasserläufe überspannten, ist die Ponte Cardona am besten erhalten. Fährt man mit dem Auto weiter ab dem Parkplatz in Richtung Sant'Urbano, so überquert die Straße nur schlecht einsehbare Reste einer weiteren Brücke, der Ponte Vecchio.

Wer nicht unter Klaustrophobie leidet, kann in einem engen Tunnel und vorbei an einigen Stalaktiten einen Teil des Aquädukts Formina erkunden, das als einzig öffentlich zugängliches Aquädukt Italiens gilt. Organisiert wird die Besichtigungstour von „Narni Sotterranea".

Lage: Die Ponte Cardona, das Centro d'Italia (Zentrum Italiens) und das Aquädukt liegen circa drei Kilometer von Narni.

Adresse: Località Santa Lucia, Strada dei Pini, 05035 Narni

Info

Aktivitäten:

- Acquedotto Romano della Formina/Aquädukt Formina: Besichtigung nur über „Narni Sotterranea", Anmeldung mindestens zehn Tage vorher (*info@narnisotterranea.it*). Der Tunnel ist 700 Meter lang und nur 50 Zentimeter breit, der Aufstieg erfolgt über einen 18 Meter tiefen Brunnen und eine steile Wendeltreppe. Treffpunkt: Piazza Garibaldi, 05035 Narni, *narnisotterranea.it/lacquedotto/*
- Wanderung zum Centro d'Italia und Acquedotto Romano della Formina: ab Narni, Piazza dei Priori, knapp sechs Kilometer, dann weiter der Beschilderung zum Äquadukt folgen (rot-weißer CAI-Wanderweg) folgen. Es geht teils entlang der Straße vorbei an der Quelle in Sant'Urbano und den Resten der Ponte Vecchio, die schlecht einsehbar unter der Straße liegt.

Einkehren und Übernachten:

- Il Fondaco: Restaurant und Hotel im historischen Zentrum, modern eingerichtet. Gute, typisch umbrische Küche, große Weinkarte; Via G. Garibaldi, 5/7, 05035 Narni, *fondaconarni.it*
- Casale Viridi: Landhaus mit Zimmern, Restaurant, Weinverkostung und E-Bike-Touren; zehn Kilometer von Narni; Via Tiberina, 1380, Località Ponte Caldaro, 05035 Narni, *casaleviridi.it*

Websites:

- *pontecardona.it*
- *turismonarni.it/cosa-vedere/fuori-le-mura-di-narni/acquedotto-della-formina*

40 Convento Sacro Speco

HEILIGE HÖHLE IN PANORAMALAGE

Malerisch eingebettet in die grünen Berge Umbriens findet man immer wieder alte Klöster oder Einsiedeleien, die der Landschaft ihren Zauber verleihen und das spirituelle Umbrien prägen. Das Convento Sacro Speco liegt besonders schön auf dem Monte San Pancrazio unweit der Stadt Narni und bietet fantastische Ausblicke bis hinüber zu den Bergen bei San Gemini.

Gerade in den unruhigen Zeiten des Mittelalters mit seinen Kriegen und Hungersnöten suchten die Menschen oft Trost bei Gott. Um ihm näher zu sein, zogen sich einige zurück in die Berge und lebten in Einsiedeleien, einsamen Orten der Ruhe und des Gebets.

Franziskus' Steinzelle

Eine solche Einsiedelei der Benediktiner nahe der Ortschaft Sant'Urbano besuchte der heilige Franziskus, als er 1213 durch Umbrien wanderte und ein Leben in Armut predigte. Etwas oberhalb befand sich eine Höhle, eher ein Felsspalt, in den er sich zum Gebet zurückzog. Nachdem er krank wurde, bauten ihm seine Mitbrüder in der Nähe eine Steinzelle mit einem Holzbett, die heute noch zu sehen ist.

Vom Parkplatz am Kloster kann man auf einem kurzen Kreuzweg durch einen Wald aus Buchen und Steineichen dort hinaufgehen und den weiten Blick über die Berge und auf die Ortschaft Stroncone genießen. Zu sehen ist hier auch eine kleine Kapelle sowie

Blick vom Konvent

Blick auf die Kapelle

ein jahrhundertealter Kastanienbaum. Laut einer Legende ist er dort gewachsen, wo Franziskus seinen Wanderstecken in die Erde gestoßen hatte.

Zum Klosterkomplex gehören auch die Kapelle San Silvestro mit Fresken aus dem 14. Jahrhundert, eine Kirche aus dem 16. Jahrhundert sowie der Wunderbrunnen, der „Pozzo del Miracolo". Denn eine weitere Legende erzählt, wie sich Franziskus hier stärken wollte und daher Wasser in Wein verwandelte.

Im Refektorium mit seinen urigen Holzbänken, das vom heiligen Bernhard im 15. Jahrhundert errichtet wurde, kann man sich sehr gut vorstellen, wie die Brüder damals zusammen beim Essen saßen. Am faszinierendsten ist jedoch das atemberaubende Panorama, das sich von dem auf einer Seite offenen Kreuzgang bietet.

Kreuzgang

Derzeit leben hier vier Ordensbrüder streng nach den Regeln des heiligen Franziskus, indem sie sich wöchentlich mit der Hausarbeit und dem Gebet abwechseln. Sie bieten den Besuchern die Möglichkeit, den Gottesdienst zu besuchen oder hier zu übernachten. Neben Pilgern machen auch Tagesausflugler hier halt. Dies liegt einerseits an der herrlichen Lage, aber auch an den guten Wandermöglichkeiten wie dem Fernwanderweg, dem Cammino dei Protomartiri Francescani, der hier vorbeiführt. Er ist den ersten Franziskanerbrüdern gewidmet, die 1220 als Märtyrer starben. Da es keinerlei Verpflegung gibt, deckt man sich am besten vorher in Narni ein.

Info

Lage: Das Kloster, Convento Sacro Speco, liegt 15 Kilometer südöstlich von Narni.

Adresse: Strada Sant'Urbano, 140, 05035 Narni

Aktivitäten:

- Wanderung auf dem Cammino dei Protomartiri Francescani: Der Pilgerweg führt auf einer Länge von circa 100 Kilometern über die Städte, wo die Märtyrer Berard, Adjut, Accursius, Petrus und Otto geboren wurden, sowie über die Orte, an denen der heilige Franziskus predigte oder wirkte; *camminoprotomartiri.it*

Einkehren und Übernachten:

- Übernachten im Konvent Sacro Speco: Anmeldung über E-Mail *sacrospeco@gmail.com*, Selbstverpflegung
- Il Fondaco: Restaurant und Weinstube. Innen modern, draußen sitzt man auf einer mittelalterlichen Straße mitten im Ort. Typisch umbrische, hausgemachte Küche; Via del Campanile, 2, 05035 Narni, *fondaconarni.it*

Websites:

- *turismonarni.it/cosa-vedere/fuori-le-mura-di-narni/sacro-speco-di-san-francesco*
- *assisiofm.it/sacro-speco-narni-68-1.html*

Pane Pizza Dolci
Bread Sweets
GEL IGIENIZZANTE

Register
La Sorgente
del Pane

Register

T

U

V

W

Z

Bildnachweis:

Alle Bilder von Christina Danisio, außer Adobe Cover, S. 14, 121u, 126, 162 | Andreas Lattmann, CC0, via Wikimedia Commons S. 13 | Associazione Mercato delle Gaite S. 21, 147 | Asurnipal, CC BY-SA 4.0 S. 16u | Betacommand-Bot CC BY-SA 3.0 S. 15u | Bluteo, CC BY-SA 4.0 S. 61 | Borgo Cerreto, Marco Ilari mit Genehmigung der Comune di Vallo di Nera S. 168o, 168u | Centro di documentazione Baronio Vincenzi – Museo delle Mummie di Borgo Cerreto S. 170o | Christina Danisio mit Genehmigung des italienischen Kulturministeriums, Regionaldirektions Museen Umbriens – Archäologischer Park Carsulae S. 212-215 | Christina Danisio mit Genehmigung durch das Convento di Santissima Annunziata S. 222, 223, 224 | Christina Danisio mit Genehmigung durch die Abbazia di San Pietro in Valle S . 23, 188, 189, 190o | Christina Danisio mit Genehmigung durch die Abbazia di Sassovivo S. 129u | Christina Danisio mit Genehmigung durch die Comune di Corciano S. 63u, 64o | Christina Danisio mit Genehmigung durch die Comune di Perugia S. 42u | Christina Danisio mit Genehmigung durch die Villa dei Mosaici S. 122o | Christina Danisio mit Genehmigung von Francesco Suatoni S. 227 | Christina Danisio mit Genehmigung von Sonia Cocciarelli S. 167o | Compagnia Campanari, Gubbio S. 79o | Comune di Gubbio S. 76o | Diego Delso, CC BY-SA 4.0 S. 33o | Eris Curo mit Genehmigung durch Marta Cucchia S. 36, 37, 38, 39 | Fantasy, CC BY-SA 3.0 S. 105o | Faumes, CC BY-SA 3.0 S. 206 | Francesco Valma, CC BY-SA 3.0 S. 130o | Gemeinde Costacciaro S. 88, 90, 91, 92M, 92u | Jim Linwod CC BY 20 Deed S. 102 | Jocelyn Erskine-Kellie cc-by-sa-2.0 S. 98/99 | Jose Luiz Bernardes Ribeiro S. 105u | JSBach16853, CC BY-SA 4.0 S. 31 | Karten – Mapcreator.io, OSM.org, ©DLR, ©Airbus Defense and Space, ©Copernicus S. 24, 25, 29, 69, 101, 165, 199 | Locanda del Capitano S. 85 | Luca Aless, CC BY-SA 4.0 S. 150, 152 | Michael CC BY 2.0 Deed S. 231 | Miguel Hermoso Cuesta, CC BY-SA 4.0 S. 73 | Museo del Capitolo della Cattedrale S. 30, 33 u, 34o | Museo del Vino, Fondazione Lungarotti, Torgiano (PG) - Sala V, Torchio di Catone S. 22u, 156u | Narni Adventures S. 232u, 244u | Narni Sotterranea S. 233 | Odoacre, Public domain, via Wikimedia Commons S. 234o | Patrick Haegens mit Genehmigung durch Claudia Acquah S. 51u | Pfarrei Santa Maria di Ferentillo S. 189, 190u | Roberto Composto CC BY 2.0 Deed S. 121o | Sailko, CC BY 3.0 S. 94, 95u, 96o | Sailko, CC BY-SA 3.0 S. 104o, 106 | Superchilum, CC BY-SA 3.0 S. 112 | Tourismusverband Bevagna S. 20o, 148u | trolvag, CC BY-SA 3.0 S. 128o, 1228u